企业财税合规全攻略

张晰——著

民主与建设出版社
·北京·

© 民主与建设出版社，2025

图书在版编目（CIP）数据

企业财税合规全攻略 / 张晰著 . -- 北京：民主与建设出版社，2025.4. --ISBN 978-7-5139-4873-9

Ⅰ. F279.23；F812.423

中国国家版本馆 CIP 数据核字第 20259UJ533 号

企业财税合规全攻略
QIYE CAISHUI HEGUI QUANGONGLÜE

著　　者	张　晰
责任编辑	刘　芳
封面设计	新艺书文化
出版发行	民主与建设出版社有限责任公司
电　　话	（010）59417749　59419778
社　　址	北京市朝阳区宏泰东街远洋万和南区伍号公馆 4 层
邮　　编	100102
印　　刷	文畅阁印刷有限公司
版　　次	2025 年 4 月第 1 版
印　　次	2025 年 4 月第 1 次印刷
开　　本	787 毫米 ×1092 毫米　1/16
印　　张	18.5
字　　数	256 千字
书　　号	ISBN 978-7-5139-4873-9
定　　价	78.00 元

注：如有印、装质量问题，请与出版社联系。

前　言

写一本"另类"的财税书

　　落笔时我才发现，这已经是我进入财税领域的第二十个年头了。在这二十年里，我看到太多企业由于财税问题承受了不可挽回的损失。这些经历一直促使我思考下面的问题：怎样才能让更多人了解财税，读懂财税？怎样把企业经营中出现的问题前置，对企业起到一定的警示作用？

　　为了帮助这些受财税问题困扰的企业，我决定写这本书。无论是企业的老板、业务人员，还是财务人员，都能从书中一个个真实的、充满多元化矛盾的案例中得到启示。

　　财税的专业性较强，理论知识繁多，且专业术语很多都不易理解。人们即便经过专业的培训，如果没有进行实践和运用，往往也只能是纸上谈兵。如何将财税理论与实际应用相结合？如何更好地了解各种税收优惠政策？如何使财税与业务更好地融合？这些都不是一朝一夕就能掌握的，需要长时间的积累。

　　一般来说，财税相关书籍有两种写法：一种是从专业角度出发，运用行业术语讲解财税知识和相关政策；另一种是从实操角度出发，以通俗易懂、风趣幽默的形式解读各类真实案例，通过案例让人们理解财税知识。第一种写法朴实严谨，但相对晦涩难懂，目前市面上很多有关纳税筹划、财务报表、财务管理的书籍都是这种写法；第二种写法在一定程度上颠覆了传统财税书籍的惯用模式，以全新多面的视角和切实落地的方案，为人们答疑解惑，更方便人们理解财税内容，并能快速应用到管理工作中。

企业财税合规全攻略

本书就采用了第二种写法。《企业财税合规全攻略》不仅是一本财税书，更是一本人人都能看得懂的"财税科普知识大全"。本书不会像传统财税书那样分门别类地列出各种财税知识，而是从企业设立、财税管理、运营实操、纳税筹划、常见误区等方面，阐述企业在经营中常遇到的风险与问题。书中以一百个生动有趣的故事进行串联，以点带面，结合实际问题纵深推进，用生动有趣的故事解读专业财税知识，帮助企业解决遇到的各种问题。

希望读者们能通过这本即查即用的案头书，顺利避开工作中遇到的财税"坑"。

故事设定

主要人物

老板：毕程宫

谐音："必成功。"这一口号鲜明地映射出企业家们对成功的执着追求与殷切期望。在复杂多变的市场经营环境中，由于对财税知识缺乏基本了解，企业家们往往面临诸多挑战，导致业务开展受阻，财税风险亦随之增加。性格特点：开朗外向、好面子，乐观主义者，对自己的决策能力非常自信。

业务：高梯城

谐音："高提成。"业务人员一般都对拿高提成有着热切渴望，这主要体现在他们过度追求高收入，只想自身价值最大化。由于缺乏财税知识，他们可能会在不经意间对企业的利益造成一定的损害。性格特点：为人热情、圆滑、爱拍马屁，利己主义者，善于邀功，对财税知识一窍不通。

财务：古智

谐音："固执。"这一特质在财务人员身上，往往表现为过于刻板的坚持和难以适应变化的处事风格。这种态度在实际工作中，可能会导致他们与其他部门的交流和沟通严重受限，形成信息壁垒。这种缺乏有效沟通的局面不仅无法实现"业财融合"，更会对企业的长远发展造成潜在威胁。性格特点：为人古板、固执，不懂变通，谨慎胆小，怕背锅，财税知识仅停留在理论层面，很难在实际中应用。

故事引子

都说三十五岁是人生的一个转折点，不知道是生不逢时还是天命难违，毕程宫偏偏在这个年龄被工作多年的公司裁员了。作为曾经的公司高管，毕程宫想凭借多年的工作经验和阅历，入职新的公司，再创辉煌。但现实很残酷，他面试了十几家公司，结果都像石沉大海一般，杳无音信……

心有不甘的毕程宫打算自立门户，创建自己的公司。但他现在是光杆司令，想顺利地搭建一个公司谈何容易，更何况目前的大环境和经济情况也不容乐观，把手头可用的资金全用来大张旗鼓地招兵买马，风险确实不可控。

于是，毕程宫开始苦思冥想，把自己的资源圈在脑海中细细过了一遍，最终确定了两个人。

首先是他的朋友高梯城，业务能力很强。而且他之前因为所在公司的经济效益日渐下滑，也试探性地跟毕程宫说过有跳槽的想法。如果他能来公司，正好可以做前线业务工作。

其次是毕程宫的表妹古智，大学学的是会计专业。古智刚大学毕业就怀孕了，生完孩子后一直在做家庭主妇。现在孩子上幼儿园了，古智也有了很多的空闲时间。如果能把她叫到公司上班，想必也是一把好手，毕竟自己人管钱让人更放心一些。

想到这里，毕程宫立刻联系了他们，他们都非常爽快地答应来公司上班。由此，三个人组成了一个团队，开始在创业的路上摸爬滚打，其中发生了很多精彩的故事……

特别提示：为了故事的可读性及问题的多元化，文中人物保持不变，故事各不相同。

目 录

Part 1 企业设立

第1章 赢在注册起跑线

01. 一个人创业可以选择的公司类型 / 004
02. 一人有限责任公司就是个人独资企业吗 / 007
03. 有限责任公司股东是否可以用劳务出资 / 011
04. 两个以上的自然人创业，可以设立什么样的企业 / 013
05. 同一个法定代表人可以注册几家公司 / 015
06. 注册资本金写多少合适 / 018
07. 股权比例的"坑"是什么 / 022

第2章 了解财税初创常识

08. 公司的五个印章分别有什么用 / 028
09. 银行基本存款账户和一般存款账户的区别 / 031
10. 小规模纳税人和一般纳税人的区别 / 033
11. 小规模纳税人和一般纳税人如何选择 / 035
12. 小型微利企业一定是小规模纳税人吗 / 038

13. 增值税普通发票和增值税专用发票的区别 / 039

14. 企业工商年报是什么 / 042

15. 企业所得税汇算清缴是什么 / 044

第3章 企业各类人员的薪酬安排

16. 临时工工资属于工资薪金还是劳务报酬 / 050

17. 年终奖的计税方式是什么 / 053

18. 退休返聘人员的工资是否需要缴纳个人所得税 / 057

19. 缴纳社保需要知道哪些事 / 059

20. 企业聘用残疾人会享受哪些优惠政策 / 063

21. 灵活用工平台的底层逻辑 / 066

Part 2 财税管理

第4章 读懂常用财务报表

22. 如何理解常用财务报表 / 074

23. 如何解读资产负债表 / 076

24. 如何解读利润表 / 079

25. 如何解读现金流量表 / 082

26. 财务报表之间的钩稽关系是什么 / 084

27. 什么是杜邦分析法 / 087

第5章 通晓三大主要税种

28. 三大主要税种分别指什么 / 092

29. 增值税如何计算 / 094

30. 一般纳税人什么情况下可以选择简易计税方法 / 095

31. 什么是企业所得税纳税调整 / 100
32. 小型微利企业税收优惠临界点是什么 / 103
33. 哪些项目需要代扣代缴个人所得税 / 104
34. 什么是个人所得税汇算清缴 / 108

Part 3 运营实操

第 6 章 掌握合同订立风险点

35. 签署定金合同有哪些注意事项 / 114
36. 签署买卖合同有哪些注意事项 / 116
37. 签署借款合同有哪些注意事项 / 118
38. 签署保证合同有哪些注意事项 / 121
39. 签署合同有哪些其他注意事项 / 123

第 7 章 了解日常高频财税问题

40. 企业可以随意扣除员工的绩效工资吗 / 128
41. 工资发放的涉税风险有哪些 / 130
42. 发放差旅津贴需要提供发票吗 / 133
43. 不开发票就不用申报纳税吗 / 135
44. 一个人可以同时在两家公司工作吗 / 137
45. 企业与个人之间的借款涉及哪些税种 / 139
46. 税负率如何计算 / 141
47. 0 元转让股权需要缴纳个人所得税吗 / 143
48. 债权可以转为股权吗 / 145
49. 公司的债务由谁来承担 / 147
50. 对方公司注销，没有取得发票的款项怎么办 / 151
51. 餐费能在企业所得税税前扣除吗 / 153

52. 私车公用有哪些注意事项 / 156
53. 一般纳税人可以转登记为小规模纳税人吗 / 158
54. 企业长期向股东借款的风险有哪些 / 160
55. 股东从企业借款有什么风险 / 162
56. 个人代开发票可以享受小规模纳税人的税收优惠政策吗 / 164

Part 4 纳税筹划

第 8 章 增值税筹划技巧

57. 如何合理拆分业务，享受优惠政策 / 170
58. 如何计算报价临界点，合理选择供应商 / 172
59. 如何安排开票时间，合理缴纳税款 / 173
60. 为什么有些企业要放弃免税权 / 175
61. 促销方式会影响增值税税额吗 / 177
62. 业务剥离有什么好处 / 179
63. 运输方式不同，税收负担也不同吗 / 180
64. 什么时候购进设备合适 / 183
65. 简易计税方法可以随便用吗 / 185
66. 为什么要业务拆分，进行独立核算 / 187
67. 只有独立的研发项目才能享受增值税优惠政策吗 / 189

第 9 章 企业所得税筹划技巧

68. 如何最大限度享受国家税收优惠政策 / 194
69. 为什么企业要做公益性捐赠 / 195
70. 甄别业务招待费，合理拓宽抵扣范围 / 197
71. 企业聘用残疾人是否可以享受加计扣除优惠政策 / 199
72. 业务招待费是否能转化为业务宣传费 / 201

73. 亏损企业的亏损可以被转移 / 203
74. 利息支出不能税前列支吗 / 204

第 10 章　个人所得税筹划技巧

75. 改变工资结构，税金算法有何不同 / 208
76. 企业为员工提供住所，可以少缴个人所得税吗 / 209
77. 增加合伙人是否可以分摊应纳税所得额 / 211
78. 个人转让二手车给企业是否免征个人所得税 / 213
79. 劳务报酬的应纳税所得额是否可扣减 20% / 215
80. 什么是利用级差降低税率 / 217

Part 5　常见误区

第 11 章　对财税工作常见误区的总结

81. 小规模纳税人不能开具增值税专用发票吗 / 222
82. 小规模纳税人取得增值税专用发票需要退回吗 / 226
83. 开具和取得的发票税率不一致时，进项税额不可抵扣吗 / 228
84. 只有增值税专用发票才能抵扣进项税额吗 / 231
85. 没有发票，相关费用可以入账吗 / 233
86. 3% 的增值税专用发票能按 9% 或 10% 抵扣吗 / 236
87. 固定资产的确认以金额作为标准吗 / 238
88. 工资未发能否先申报个人所得税 / 242

第 12 章　财税管理必须避开的那些"坑"

89. 印花税是每家企业都要缴纳的税种吗 / 246
90. 公司不经营且未注销的后果是什么 / 250

91. 员工可以自愿放弃缴纳社保吗 / 252
92. 工资与社保缴费基数必须一致吗 / 254
93. 只有高新技术企业才能享受研发费用加计扣除吗 / 257
94. 公司的钱就是老板的钱吗 / 261
95. 什么是虚开发票 / 263
96. 合同对税收有什么影响 / 266
97. 销售折让和现金折扣的区别是什么 / 268
98. 混合销售和兼营行为的区别是什么 / 270
99. 存货过期报废是否要做进项税额转出处理 / 273
100. 个人抬头的发票能入账吗 / 275

附录　关于本书引用相关法律法规的介绍

Part 1 企业设立

在创业的浪潮中，一茬接一茬地涌现出无数新生企业。与此同时，许多满怀激情与梦想的创业者，如同提刀策马的侠客，以为凭借一腔热血与坚定意志，便可闯荡这广袤的"商海"。然而，当面对突如其来的挑战和问题时，他们时常会感到茫然无措，眼前一片漆黑，不知该从何处寻找解决之道。

在这一篇中，我们将探讨企业在初创阶段应当具备的核心条件、需要深思熟虑的关键问题以及可能面临的多样化选择。本篇内容旨在为即将踏上创业征途的你——无论是怀揣梦想初出茅庐的毕业生，还是拥有丰富经验的资深企业高管——呈现一张清晰的企业初创路线图，帮助你规避潜在陷阱，稳健起步。

第 1 章

赢在注册起跑线

01. 一个人创业可以选择的公司类型

毕程宫组建好了团队，准备正式创业，但是他不想跟其他人合伙，所以，选择什么组织类型就是摆在他面前的第一道难题。古智作为财务人员，建议他以个体工商户的形式注册，因为这样做不需要缴纳注册资本。但毕程宫马上就拒绝了这个建议，他心想：既然要创业，肯定不能太寒酸，自己至少得是个公司老板吧，个体户听上去就让人感觉实力很弱，自己的面子岂不是刚开始就丢了？所以，毕程宫认为应该注册成公司。

高梯城因为不懂这方面的知识和流程，所以没有发表意见，只是一味地强调，无论设立什么类型的组织，都应该越快越好。这倒是提醒了古智，她对毕程宫说："如果想以最快的速度完成注册，最好的选择就是个体工商户，因为个体工商户可以用个人账户收付款，方便快捷。公司制企业则需要在注册后缴纳企业所得税和个人所得税，会造成企业税负过重。"

古智的话让毕程宫感到很为难，为了尽快开展业务，也为了避免因为税负过重带来太多压力，他勉为其难地决定注册成个体工商户……

🦁 问题前置：财税知识薄弱，切忌鲁莽行事

选择组织类型是创业的第一步。在选择前，创业者应当充分了解不同组织类型的优劣势。从自身经营需求出发，根据不同类型组织的特点，深思熟虑后再做出决定，千万不可鲁莽行事。注意：组织性质不同，税收负担和风险也会大不相同！

以点带面：一个人可以设立哪些类型的组织

根据相关法律规定[1]，一个人可以设立个体工商户、个人独资企业或一人有限责任公司。

个体工商户是指在法律允许的范围内，依法经核准登记，从事工商经营活动的自然人或者家庭。它依附于经营者个人存在，需要经营者承担无限连带责任。

个人独资企业是指由一个自然人投资，全部资产为投资人所有的经济组织，其典型特征是个人出资、个人经营、个人自负盈亏和自担风险。

一人有限责任公司是指只有一个自然人股东或者一个法人股东的有限责任公司。它有四个基本的法律特征，分别是股东人数的唯一性、股东责任的有限性、股东资本的单一性和治理结构的特殊性。

上述几种不同的组织类型因为其各自不同的特点，造成它们具有不同的优劣势。

个体工商户的优缺点

1. **优点**。不具有法人资格，无需双重征税（指企业所得税和分红个税），只涉及个人所得税；注册简便快捷，大部分地区都已实现线上办理；不强制要求开立对公账户，经营者的个人账户可以直接收付款。

2. **缺点**。资质不可以转让，也不可以开设分支机构；对在经营过程中产生的债务承担无限连带责任，个人承担其经营的全部风险；规模小，不利于品牌推广，与供应商和客户的议价能力差，融资困难。

个人独资企业的优缺点

1. **优点**。不具有法人资格，不涉及企业所得税；注册比较简便，企业经营决策无需与其他人商议取得一致，有较高的灵活性和高效性；组织结构简单，可以不设置股东会和董事会。

2. 缺点。难以筹集大量资金，以个人名义借款难度比较大；对在经营过程中产生的债务承担无限连带责任，经营存在潜在风险。

一人有限责任公司的优缺点

1. 优点。责任有上限，以出资额为限承担有限责任；组织机构简单，由于只有一个自然人股东或者一个法人股东出资，所以不用设立股东会；有利于保护公司机密，公司的商业机密难以被外界接触到，可以有效保护个人发明及专利技术。

2. 缺点。具有法人资格，需要承担双重税负，即需要缴纳企业所得税和分红个税；由于其股东具有唯一性，所以在筹集资金和公众可信度方面会受到一定影响；隐性成本较高，需要每年出具审计报告；有可能承担连带责任，当一人有限责任公司的股东不能证明自己的财产与公司的财产相互独立时，就应当对公司的债务承担连带责任。

◉ 作者说：从自身实际经营需求出发，进行合理选择

当一个人打算独自创业时，一般有以上三种类型的组织可以选择。想要进行正确的选择，这个人需要平衡每种组织类型的优缺点，从自身实际经营需求出发，扬长避短，从行业、经营风险和税负三个角度进行综合考量。

1. 从行业角度考虑。例如，从事建材、批发零售业务，且有个人账户收款需求的人，可以成立个体工商户；如果是以提供设计、咨询等服务为主业的人，可以成立个人独资企业，这种组织形式相对正规，社会接受度也比较高；如果创业者拥有专利技术，或者需要以公司身份和客户进行合作，那么成立一人有限责任公司较为合适。

2. 从经营风险角度考虑。个体工商户和个人独资企业需要对其在经营过程中产生的债务承担无限连带责任，也就是说，创业者需要承担其经营

的全部风险；一人有限责任公司则按出资额承担有限责任，但需要注意的是，股东和公司之间不能出现财产混同的现象，一旦财产难以区分开，股东同样需要对公司债务承担连带责任。所以，如果创业者想保证经营风险的上限，那么可以首先考虑设立一人有限责任公司。

3. 从税负角度考虑。个体工商户和个人独资企业不具有法人资格，税负单一，不涉及企业所得税，赚取的利润主要涉及的是生产经营所得的个人所得税，适用五级超额累进税率5%~35%，分红时也无需再缴纳20%的个人所得税。而且，部分地区的个体工商户和个人独资企业还可以享受核定征收，核定后的实际税负率只有0.5%~3.5%[①]。

一人有限责任公司具有法人资格，承担双重税负，有利润后需要先缴纳25%的企业所得税（注意：小型微利企业应纳税所得额在300万元之内的，企业所得税税负率是5%）。在给股东分红时，股东还需要缴纳20%的分红个税。

如果单从税负角度出发的话，那么个体工商户和个人独资企业的优势确实是比较显著的。

综上所述，每个组织类型都有其利弊之处，经营者在注册前应根据行业特点谨慎选择。好的开始是迈向成功的第一步，思虑周全，经营才能事半功倍。

02. 一人有限责任公司就是个人独资企业吗

分析完各种组织的利弊后，毕程宫决定注册个人独资企业。他马上安排古智去注册一家企业，并表示这家企业只有他一人出资。古智图省事，

---

① 因为核定征收后的实际税负率会因行业、征收方式和地区政策的不同而有所差异，这里提供的实际税负率范围仅供参考，请以实际注册地政策为准进行计算。

联系了一家企业服务公司,告诉对方自己的要求是:"注册一家个人出资的企业,没有其他股东,时间越快越好。"

很快企业营业执照就办理好了,但谁也没有注意营业执照上的组织类型。同时高梯城那边传来了好消息,他以这家企业的名义谈成了第一笔业务。在回来的路上,高梯城开心地给毕程宫和古智打电话报告喜讯,还提醒古智月底前要给客户开好发票。古智很快就按照客户的要求开好了发票,客户也如期付了款。

看似皆大欢喜的局面,却在次月古智报税的时候出了问题。明明成立的是个人独资企业,按理说不需要缴纳企业所得税,为什么税务系统里会显示需要申报企业所得税呢?古智的心里很忐忑,一方面她非常确定,企业的股东只有毕程宫一人,没有其他人出资;另一方面,税务系统里的企业所得税申报信息就呈现在她的眼前。

越想越害怕的古智马上联系了当时帮忙办理营业执照的公司,问他:"我们之前打算办理的是个人独资企业,应该不需要申报企业所得税,为什么我报税的时候税务系统显示需要申报企业所得税呢?"对方的回复如晴天霹雳:"您当时的需求是要注册一家个人出资的企业,所以我们帮您注册的是一人有限责任公司,而不是个人独资企业。"

这时古智才明白,是自己当初没有表述清楚要注册的组织类型,也没有认真查看营业执照上的相关信息,所以才造成这次意外的发生。

🌐 问题前置:怎么分清个人独资企业和一人有限责任公司

一人有限责任公司和个人独资企业虽然都可以由一个自然人设立,但两种组织形式完全不同。一人有限责任公司的投资主体可以是自然人,也可以是法人,通常称其为股东;而个人独资企业的投资主体只能是自然人,通常称其为投资人。

一人有限责任公司是由《中华人民共和国公司法》(以下简称为《公

司法》）调整、约束和规范运行的，属于企业法人，需要申报企业所得税。而个人独资企业是由《中华人民共和国个人独资企业法》（以下简称为《个人独资企业法》）调整和约束的，不具备企业法人资格，不涉及企业所得税。

以点带面：个人独资企业和一人有限责任公司的区别

在企业的日常经营中，经常有人将个人独资企业和一人有限责任公司混为一谈，认为两者都是由一个自然人设立的，只是名称不同，实质是相同的。这是完全错误的认知，下面我来简单说一下两者的区别。

1. **法律地位和规定不同**。前文对这部分内容已经有了详细说明，这里不再赘述。

2. **承担的责任不同**。一人有限责任公司股东对债务承担有限责任，其责任范围限于出资额；个人独资企业投资者对债务承担无限连带责任，个人财产可用于偿还企业债务。

3. **管理结构和主体资格不同**。一人有限责任公司需要建立规范的管理结构，因为只有一个自然人股东或者一个法人股东，所以可以不设置董事会和监事会，但要设置一名执行董事和一到二名监事；个人独资企业投资者自行管理企业事务，无需设立复杂的管理结构。

4. **投资主体不同**。一人有限责任公司的投资主体可以是自然人或法人，个人独资企业只能是自然人。

5. **财务和收益不同**。一人有限责任公司需要进行严格的会计核算和财务审计，股东的收益受限于《公司法》的规定；个人独资企业财务要求相对简单，投资者享有企业全部的经营收益。

6. **缴纳税款不同**。一人有限责任公司需缴纳企业所得税，股东分红后需缴纳个人所得税；个人独资企业只需缴纳个人所得税，不区分企业财产和投资者个人财产。

这两种组织类型在上述方面都存在显著差异。了解这些差异，有助于投资者根据自身的业务需求、风险承受能力和税务规划，选择最适合自己的组织类型。

作者说：一人有限责任公司不能等同于个人独资企业

读完这一节的内容，你应该已经知道，一人有限责任公司和个人独资企业是两种不同的组织类型，它们在法律地位、税收负担、运营管理等方面存在显著差异。

一人有限责任公司是具有法人资格的民事主体，独立承担民事责任，股东以其认缴的出资额为限承担有限责任。一人有限责任公司在名称上通常以"有限公司"或"有限责任公司"结尾，例如"××科技有限公司""××商贸有限公司"等。这种组织类型比较适合资本密集型行业，能够举办规模较大的商业活动，更好地展示企业形象，提升品牌价值。

个人独资企业是由个人独资经营的企业形式，不具有法人资格。个人独资企业适合小型服务性行业、专业咨询行业等，其名称通常以"工作室""事务所""中心""商行""经营部"等结尾，例如"××设计工作室""××律师事务所"。如前所述，个人独资企业在税收上具有一些优势。同时，它在利润分配方面也存在优势。在符合相关法律法规的前提下，个人独资企业的某些资金是可以直接转入私人账户的，只是需要注意转账的合规性。

需要特别强调的是，一人有限责任公司和个人独资企业不能相互转换，各自的法律地位和责任承担有明确规定。在选择组织类型时，投资者应当根据自身的业务特点和需求进行审慎考虑。在注册过程中，即使是通过代理机构办理，也应明确告知对方自己的需求，确保注册的组织类型和运营模式符合自身的发展规划。选择合适的组织类型，不仅关系到企业的发展前景，也关系到投资者的个人财产安全和税收负担。因此，投资者应充分了解各种组织类型的法律和税收特点，做出明智的选择。

03. 有限责任公司股东是否可以用劳务出资

毕程宫的生意做得很好，好多大型商场都有他的专柜。但是随着电商的兴起，实体经济受到了巨大冲击，很多专柜的销售额逐月下降，这令毕程宫十分头疼。看到这种情况，高梯城马上提议毕程宫把公司主要业务转移到线上，并极力推荐了自己的一个有电商经验的朋友小张，建议毕程宫与他合作，这样既能解决销售额的问题，高梯城也能从中获利。

毕程宫提供资金，小张拥有能力和经验，两人一拍即合，当即决定成立一家有限责任公司，作为线上业务的主体。在这家有限责任公司，毕程宫和小张会按照70%和30%的比例进行股权分配。

毕程宫让古智办理公司注册手续时，古智表示小张不能以劳务出资，也就是说，小张不能只出力，还得出钱。于是毕程宫马上找到小张，提议小张也出一些钱，同时承诺会多给小张一些股份。可是小张不肯出钱，还指责毕程宫骗了他，毕程宫真是"哑巴吃黄连，有苦说不出"！两人的合作告吹，高梯城的如意算盘也落了空……

问题前置：有限责任公司股东不能用劳务出资

劳务出资只限于特定企业的投资者，有限责任公司的股东不得以劳务出资。这是因为《公司法》规定，有限责任公司的股东需要承担有限责任，以其认缴的出资额为上限，所以需要货币出资。劳务出资有较强的人身属性，不能够转让，也难以评估，所以不具有出资标的[①]的资格（出资标的应当具有确定性）。

[①] 出资标的是指出资人用于出资的财产或权利，出资方式包括现金、实物、知识产权、股权等。

以点带面：普通合伙人可以用劳务出资

在我国的《公司法》和《中华人民共和国合伙企业法》（以下简称《合伙企业法》）中，对不同类型企业的出资方式有着明确规定。

根据《公司法》的规定，股东在出资时可以选择货币出资，也可以选择实物、知识产权、土地使用权等可以用货币估价并且可以依法转让的非货币财产作价出资。这些非货币财产必须具备可估价性和可转让性。该法律还规定，有限责任公司的股东不得以劳务、信用、自然人姓名、商誉、特许经营权或者设定担保的财产等作价出资。所以，有限责任公司属于资合企业，禁止股东以劳务出资。

根据《合伙企业法》的规定，合伙人可以使用货币、实物、知识产权、土地使用权或其他财产权利出资。此外，合伙人也可以用劳务出资。但这种劳务出资仅限于普通合伙人，对于有限合伙人，则不得以劳务出资。

这一区分体现了我国对不同组织形式在出资方式上的不同立法考量。有限责任公司强调资本的实缴，以确保企业有足够的资金运作；而合伙企业则强调合伙人之间的合作与信任，允许以劳务出资是对合伙人贡献的一种认可。

作者说：劳务出资也需要承担企业债务

在合伙企业结构中，劳务出资扮演了一个不可或缺的角色，尤其是在某些高科技行业和服务领域，它甚至可能被视为比资本投入更具价值和实用性的出资方式。劳务出资的合伙人与其他合伙人一样，对合伙企业的债务承担着相应的责任。

以一个简单的例子来说明。有三位合伙人甲、乙和丙，他们共同创办了一家普通合伙企业，甲和乙各自投入了15万元现金，丙则以自己的10万元劳务价值作为出资。三人在合伙协议中约定，按出资比例分配利益、分担风险。

比如，企业的司机在工作时不幸发生了交通事故，导致需要向第三方赔偿10万元。尽管丙并未实际出资，但因为丙是合伙人之一，所以他需要与其他合伙人一起承担赔偿责任。先用合伙企业的资产来支付赔偿金，如果不够，甲、乙和丙将共同承担剩余的连带责任。

合伙企业作为一种基于人际合作的企业形式，其特点就是合伙人对于企业债务需要承担无限连带责任，因此合伙企业的资产规模与其对外承担的民事责任之间没有直接联系，这也是合伙企业可以接受劳务出资的原因。

有限责任公司则不同，其股东只需对其出资额负责，即所谓的有限责任。如果允许有限责任公司以劳务出资，可能会引发企业资产的不当减少，从而对债权人和交易的安全性构成威胁。因此，《公司法》明确规定，有限责任公司不允许以劳务出资。

由此可见，劳务出资在合伙企业中是一种实用的出资方式，但劳务出资的合伙人也需要承担相应的责任。在决定使用劳务出资时，合伙人应当清楚地了解其潜在的债务责任。投资者在选择企业类型时，应当充分考虑这些法律规定的差异，结合自身的业务需求和资源状况，选择最合适自己的类型。

04. 两个以上的自然人创业，可以设立什么样的企业

近几年，二手奢侈品行业十分火热，毕程宫看到做这方面生意的几个朋友都赚得盆满钵满，便也打算在这个领域寻找发展机会。机缘巧合之下，毕程宫在一次聚会上认识了魏总，魏总手里正好有二手奢侈品的销售渠道。两人一见如故，相谈甚欢，几杯红酒下去，很快就商量好一起合作。

既然打算合伙做生意，魏总表示成立一家合伙企业吧，他的货源充足，定好分红比例后，就可以开展相关业务了。

于是，毕程宫安排古智以最快的速度去注册合伙企业，但古智没有马上行动，而是提醒毕程宫说："合伙企业的所有合伙人都需要承担无限连带责任，万一收到的是假货，您不怕把自己所有身家都赔进去吗？"毕程宫迟疑道："有限责任公司是不是风险小一点？"古智犯难地说："虽说有限责任公司的股东承担有限责任，但是税收负担比较重，您还是考虑清楚再去注册吧！"这下可让毕程宫陷入了两难。

问题前置：合伙人也可以承担有限责任

根据《合伙企业法》的相关规定，合伙企业有普通合伙企业和有限合伙企业两种形式。其中，普通合伙企业由普通合伙人组成，普通合伙人对合伙企业债务承担无限连带责任；有限合伙企业由普通合伙人和有限合伙人组成，其中有限合伙人以其认缴的出资额为限对合伙企业债务承担责任。由于有限合伙人承担有限责任，所以有限合伙人不能执行合伙事务，不得对外代表有限合伙企业。

以点带面：两个以上的自然人可以设立的企业类型

两个以上的自然人除了可以设立合伙企业以外，还可以设立有限责任公司。根据《公司法》的相关规定，有限责任公司简称有限公司，由一个以上五十个以下股东出资设立，每个股东以其所认缴的出资额为限对企业承担有限责任。有限责任公司属于企业法人，有独立的法人财产，享有法人财产权，以其全部财产对企业的债务承担责任。

合伙企业应由两个以上的合伙人出资设立，其中有限合伙企业应由两个以上、五十个以下合伙人出资设立，并且至少要有一个普通合伙人。合伙企业不具有法人资格，税负单一，不涉及企业所得税，先分红后缴税，当合伙人是自然人时，需要对生产经营所得缴纳个人所得税。

作者说：企业之间投资分红可以免征企业所得税吗

有限合伙企业常被用于搭建持股平台。有人误以为企业之间的投资分红是免征企业所得税的，事实上，只有符合条件的居民企业之间的股息、红利等权益性投资收益才是免税收入。一家居民企业直接投资另一家居民企业，并取得投资收益，这部分收益是免税的。

但是，这种免税收益不包括连续持有居民企业公开发行并上市流通的股票不足12个月取得的投资收益。例如，A有限责任公司投资B有限责任公司，且持股时间在12个月以上，当B有限责任公司实现盈利，给A有限责任公司分红时，A有限责任公司收到的分红款可以免征企业所得税。

而对于合伙企业来说，其对外投资获得的利息或股息、红利不并入合伙企业收入，而应单独作为投资者取得的利益。如果合伙企业的合伙人是自然人，需要按照"利息、股息、红利所得"项目计算缴纳个人所得税。例如，C有限合伙企业投资B有限责任公司，当B有限责任公司实现盈利，给C有限合伙企业分红时，会直接把这部分钱分到C有限合伙企业的合伙人手里，合伙人是自然人的，需要缴纳个人所得税。

所以，不同的企业类型承担的责任不同，适用的税收政策也不同。如果一个自然人希望降低投资风险，那么他可以选择有限责任公司；如果他愿意承担更高的风险以换取丰厚的回报，那么他可以选择合伙企业。如何选择创业主体没有标准答案，人们应该根据自身实际情况，合理选择适合自己的企业类型。

05. 同一个法定代表人可以注册几家公司

毕程宫的生意已经经营一年多了，按说营业额与日俱增，他对此应该感到满意。但他却有点不高兴，因为他所成立的公司由于年销售额超过了 500 万元，被强制转为一般纳税人。而他目前合作的公司中大部分是小规模纳税人，对于这些只要增值税普通发票的客户来说，用税率开普通发票会比用征收率开普通发票的报价高，因此很多客户都打算中止和他的合作。

基于这个原因，毕程宫打算用个人信息再注册一家小规模纳税人公司，这样客户就不会因为报价和开票的问题而流失了。而且拥有两家类型不同的公司，对不同需求的客户开展业务也会方便很多。

毕程宫刚将这个想法和古智沟通，就被古智泼了一盆冷水："您已经是咱们公司的法人了，不能再担任其他公司的法人，要不您让高梯城来担任另一家公司的法人吧？"可是毕程宫不放心让其他人当公司法人，怕以后会惹麻烦。他的心里始终对此存有疑问，自己担任法定代表人之后，就不能再注册其他公司了吗？

问题前置：同一法定代表人名下可以注册多家有限责任公司

一个自然人可以注册多家有限责任公司（非一人有限责任公司），也可以担任多家有限责任公司的股东或法定代表人。但有一个例外情况，根据《公司法》的规定，一个自然人只能投资设立一个一人有限责任公司，且该一人有限责任公司不能投资设立新的一人有限责任公司。

以点带面：法人、法人代表和法定代表人的区别[2]

1. **法人是法律实体，而非自然人。**法人是指那些在法律上被赋予民事权利能力和民事行为能力，能够独立享有民事权利并承担民事义务的组织或实体。法人的成立必须满足法律规定的条件，包括拥有明确的组织名称、健全的组织架构、固定的办公场所和足够的财产或经费。

根据上面的定义可知，法人就是一个组织。在法律层面上，一个单位就相当于是一个"人",所以就有了"法人"。通常一家公司就是一个"法人",比如有限责任公司、股份有限公司等。但并非所有的企业类型都具有法人资格,例如合伙企业、个人独资企业、个体工商户就没有法人资格。

2. **法人代表是法人或法定代表人授权处理特定事务的代理人**。在公司的日常运营中,可以根据具体需要授权不同的人员作为法人代表,执行特定的法律行为或事务。法人代表的身份不是固定不变的,而是根据法人的授权决定。通常,法人代表会持有授权委托书,作为其代表法人行事的法律依据。

3. **法定代表人是法人的官方代表和企业的主要负责人**。法定代表人是指根据法律或法人组织章程的规定,代表法人行使职权的负责人。在公司成立时,法定代表人的信息需要向政府进行备案,并且一旦备案,其身份不得随意更改。法定代表人的姓名需要记录在营业执照上,但没有强制要求其姓名等信息必须记录在公司章程中。法定代表人通常由自然人担任,而非一个虚拟角色。

在公司中,即使没有董事长,也必须有法定代表人。在相关法律及本公司章程规定的范围内,法定代表人对外代表法人处理事务时,通常无需额外授权。法定代表人在法律上具有重要的地位,他们的行为直接代表法人,因此他们必须严格遵守法律法规,提高自身道德标准,防止因滥用法人地位导致的法律责任。

综上所述,法人是具有法律人格的组织实体,法人代表是法人的代理人,法定代表人则是法人的主要负责人和官方代表。

作者说:注册多家公司可能产生的其他问题

许多人在创业过程中,可能会对担任法定代表人后的法律限制感到困惑。以下内容是对这方面一些高频问题的解答。

1. **自然人可以注册多家有限公司并担任法定代表人**。如前所述,法律并未限制自然人注册多家有限公司或担任多家有限公司的法定代表人。一个自然人虽然只能投资设立一个一人有限责任公司，但是可以和其他人合伙，成立其他的有限公司，并担任这些公司的法定代表人。需要注意的是，每家公司在注册时都需要满足法定的注册资本、投资者人数等要求。自然人在多家公司同时担任法定代表人时，需要确保这些公司不是同类或近似类竞争的企业，还需要确保其时间、精力能够充分满足多家公司的经营管理需求。

2. 个人独资企业和个体工商户在注册多家公司方面的法律限制。对个人独资企业和个体工商户来说，在法律上并未明确限制自然人的公司设立数量。但在实践中，由于部分地方行政部门的政策可能存在限制，一个自然人只能注册一家个体工商户，名下有未注销个体工商户的自然人，不能再次申请设立第二家个体工商户，须先注销其名下第一家个体工商户后，才可办理新设立的个体工商户。

3. 股东与法定代表人的区别。股东和法定代表人是两个不同的概念。股东是持有公司股份的人，享有公司股息和红利，但不一定会参与公司的日常经营管理。而法定代表人是根据法律或公司章程规定，代表公司行使权利和履行义务的自然人。通常情况下，法定代表人也可能是公司的股东，但不是必须的。一家公司可以有多个股东，但只能有一个法定代表人。

在注册公司时，创始人需要充分了解法人、法人代表和法定代表人的法律定义和职责。这有助于公司在注册和运营过程中遵守相关法律法规，避免潜在的法律风险，并将精力集中在提升市场占有率和公司发展上，进而给公司创造更多的价值。

06. 注册资本金写多少合适

随着汽车保有量的日益增多，是否可以便利停车就成了人们出行时必须考虑的重点内容。毕程宫凭借敏锐的商业嗅觉，很早就注册了一家停车管理公司，并获得了几个停车场的停车收费管理权。但好景不长，有关部门停车管理日渐规范，每个停车场的管理权都需要进行辖区招标，只有符合标准的停车管理公司才能持证上岗。于是毕程宫日夜赶工，终于在招标前准备好了所有的材料。

招标日期越来越近，毕程宫变得忐忑不安，因为他迟迟没有等到委员会的通知。心急如焚的他赶紧托人打听了一下情况，这才知道自己根本没有入选！原因是毕程宫的公司注册资本只有人民币 100 万元，而此次招标的标准之一是公司的注册资本不得低于人民币 500 万元。当初注册这家公司时，毕程宫不想承担太大的风险，特意将注册资本金少写了一些，没想到却导致连投标的门槛都够不上，这让毕程宫懊悔不已……

问题前置：公司注册资本是不是越少越好

公司注册资本并非越少越好，而应当在充分了解注册资本涉及的风险、资质、税收、经营和融资等问题后，再结合公司实际情况，最终确定注册资本的认缴金额。

有人简单地认为，只要注册资本少，股东承担的风险就会变小。但在实际经营过程中，如果遇到某些资质或特定事项对注册资本有最低要求时，注册资本太少反而会成为公司发展的绊脚石。

以点带面：注册资本写多少，建议考虑以下几种因素

准确设定注册资本对公司的发展具有重要意义，以下是在确定公司注册资本时应考虑的关键因素。

1. 融资需求。银行和其他金融机构在考虑是否向公司提供贷款时，通常会先关注公司的注册资本与所需融资金额之间的比例。较高的注册资本

可能会被银行和其他金融机构认为公司具有更低的经营风险，使其在获取融资时更具优势。

2. **业务需求**。某些业务许可或平台入驻资格可能会要求公司达到一定的注册资本额。例如，公司需要申请ICP[①]经营许可证，或者公司想在天猫、京东等电商平台上开店，就需要满足其规定的注册资本要求。所以公司在确定注册资本时，还应该参考所在行业的相关标准和规定。

3. **股东承担风险能力**。注册资本反映了股东愿意为公司承担风险的程度。公司应根据所在行业的特性和经营模式来评估注册资本的合理水平。高风险行业一般需要更高的注册资本来降低负债经营的风险，而轻资产运营的行业则可能不需要过高的注册资本。

4. **公司长远发展规划**。注册资本还需要考虑公司的长期发展规划。如果公司计划未来进行大规模扩张或资本运作，可以提前设定一个能够支撑这些计划的注册资本，用来满足未来的资金需求。

5. **公司信誉与形象**。注册资本可以作为公司信誉和实力的一种体现。较高的注册资本有助于提升公司在市场中的形象，增强客户和合作伙伴的信心。

6. **公司治理结构**。注册资本的设定可能会影响公司的治理结构，包括股东之间的权力分配和承担责任上限。在设计公司治理结构时，需要考虑注册资本的合理水平。

7. **退出机制**。如果公司有在未来通过并购、上市等方式退出的计划，那么对注册资本的设定可能会影响其退出时的估值和交易结构。因此，在设定注册资本时，公司应提前考虑到这些潜在的退出策略。

对于初创公司，我们通常会建议其将注册资本设定在10万元到100万元之间，具体金额应根据上述因素进行调整。如果做完上述动作后，公司还是很难确定合适的注册资本金额，也可以参考同行业其他公司的注册

[①] ICP，即Internet Content Provider的缩写，指互联网内容提供商，主要通过互联网这一媒介，向上网用户提供信息的服务活动。

资本进行设定。

根据 2024 年 7 月 1 日正式施行的新《公司法》的规定，有限责任公司在注册时设定的注册资本，应自公司成立之日起五年内缴足。这一政策适用于所有新注册的公司，以及在此日期前已注册但尚未完成实缴的公司。实缴的注册资本是在公司登记机关登记的全体股东认缴的出资额，股东应按照公司章程的规定，在公司成立之日起的五年内缴足其认缴的出资额。

如果公司五年内未能缴足其注册资本，根据新《公司法》的规定，该公司可能会面临罚款等行政处罚。如果公司在注册资本未缴齐时遇到了债务或行政处罚，可能会影响公司的偿债能力，那么未实缴的注册资本部分可能就要由股东个人承担连带偿还责任。

作者说：公司注册资本的金额不宜过大，也不宜过小

有限责任公司设定注册资本金额的意义主要在于，当公司破产、资不抵债的时候，可以以注册资本金额为上限，承担有限责任。

如果注册资本过大，比如在公司章程中规定认缴的金额为 1 亿元，相当于公司创始人（即大股东）要承担更多的责任，还容易在经营不顺时出现价值倒挂的情况。

比如，公司 A 的注册资本为 1 亿元，营业额为 1,000 万元。投资人王老板给公司 A 的估值为 3,000 万元，并打算出资 300 万元，占公司 A 股份的 10%，也就是注册资本 1 亿元的 10%，即 1,000 万元。这样公司创始人作为大股东，就需要补齐剩余的 700 万元，对大部分创始人来说压力还是不小的。

如果注册资本过小，则容易出现公司权责利不清晰的情况。假设公司的注册资本是 10 万元，当生意做大后，公司在扩张期间垫付资金 500 万元，同时聘请了一位职业经理人，给了他 30% 的干股，那么这个职业经理人需要承担的责任上限就是 10 万元的 30%，即 3 万元。哪怕后期因为

经营不善公司倒闭了，这个职业经理人也只用承担3万元的注册资本金额。所以，注册资本也不要过小，取适合公司情况的金额就好。

这里再提个建议。除了重点考虑上述几点因素外，你还可以计算公司前期的投入成本和第一年的运营成本，之后把这两个数值相加，就可以作为公司的注册资本金额。这样计算的好处是：第一，权责利是对等且清晰的；第二，可以在股东的能力范围内进行实缴，完成对公司负责的义务。如果公司注册10万元就能保证日常正常运转，那么大可不必打肿脸充胖子，去认缴注册资本1,000万元。如果后续公司需要变更注册资本金额，可以根据公司当时的情况，自主决定增资或减资。

股东实缴完注册资本后，公司应该如何合法使用这些金额呢？实缴的注册资本只能代表公司初期打算投入的金额，它其实更多的是一种象征，表明公司目前的发展情况。但资金是流动的，公司账户上的资金既可以大于注册资本，也可以小于注册资本，只要资金能得到合理的使用就可以了。根据公司的经营需要，这些资金可以用于支付工资、购买设备、交付管理费等。需要注意的是，以上这些支取业务都要有合法的合同、发票、物流信息和转账记录，来证明业务的真实有效性。如果没有真实、公平、合理的基础交易，很可能会被认定为是抽逃出资。

07. 股权比例的"坑"是什么

民以食为天，餐饮业一直是很多创业者钟爱的领域，毕程宫也是这么想的。他相信餐饮行业的发展一定会越来越好，于是叫来了自己最好的两个哥们儿柴太和勇盟，三人商量一番后，决定合伙开一家火锅店。其中，毕程宫出资40万元，负责品牌经营和门店员工管理；柴太出资40万元，负责火锅底料秘方和菜品筛选；勇盟出资20万元，负责线上线下的业务运营。三人说好，要按照各自的出资比例行使表决权和分配红利。

火锅店顺利开了一年，生意很红火，有了很高的利润额，也吸引了资本的目光。投资人找到毕程宫，说想投资他们的火锅店，在全国范围内多开一些分店。毕程宫对此喜出望外，第一时间就把这个好消息告诉了另外两个人。勇盟听完也很激动，柴太却眉头紧锁，他并不想经常去外地出差，因此表示不同意扩张。勇盟不想放弃这么好的扩张机会，便直截了当地和柴太说："如果柴太你不同意扩张，就直接选择退出吧，别耽误我和毕总挣钱！"可是柴太不想退股，他觉得自己辛苦了一年，不能就这么退出。

对于这种情况，勇盟想的是和毕程宫联手，直接把柴太踢出局，却发现想换掉柴太没那么容易，必须先修改公司章程才行。但根据《公司法》的规定，修改公司章程的决议必须经代表三分之二以上表决权的股东通过才行。而毕程宫和勇盟的表决权加起来不够三分之二，也就是说，只要柴太不同意修改公司章程，那么扩张的决议将永远无法通过。三个创始人开始无穷无尽的内斗，投资人碍于该公司的股权纠纷不敢投资，公司发展也陷入了僵局……

问题前置：避免博弈型的股权结构

博弈型的股权结构是最常见的股权结构形式之一，指股东间所持股权比例相同，能够互相制衡。常见的表现形式为50%：50%和40%：40%：20%（既是博弈型，也是绑架式）。这种股权结构通常难以形成实际控制人，没有核心股东，容易造成僵局，也容易产生股东矛盾，因此被很多人称为"最差"的股权结构。

以点带面：股权结构中67%、51%、34%的代表意义

1. 67%——绝对控制线：这条线代表了股东对公司进行绝对控制的阈

值。通常会由持有公司 67% 以上股份的股东主导公司的重大决策，如修改公司章程、增加或减少注册资本、公司合并、公司分立、解散公司或变更公司类型。往往这些决策需要超过半数的股东同意才能通过，而 67% 的持股比例足以确保股东的这些决策顺利通过。

2. 51%——相对控制线：持有公司 51% 股份的股东通常被认为是公司的相对控股股东。这意味着该股东可以在股东大会上有决定性影响力，能够在没有其他股东反对的情况下，通过大多数决议。但对于一些特定的关键决策，如修改公司章程、增加或减少注册资本，以及公司合并、分立、解散或变更类型等，即使股东持股 51%，也需要超过三分之二的股东同意。因此，51% 的持股比例并没有绝对的控制权。

3. 34%——股东"捣蛋"线：持有公司 34% 股份的股东在某些决策上拥有一种特殊的权力，即一票否决权。这意味着，如果一些决策需要超过三分之二的股东同意，而持股 34% 的股东反对的话，即使其余股东全部同意，这些决策也无法通过。这种权力使得持股 34% 的股东在公司的某些关键决策上具有重要影响力，因此被称为"捣蛋"线。

当然，持股比例并不是固定不变的，公司章程或其他内部协议可能会对股权结构和公司文化产生影响，从而改变这些比例代表的控制力和影响力。

作者说：避免股权分配的三个大坑

对股权的分配就像是夯实一栋大楼的地基，这个环节如果留下致命的结构问题，那么在后面盖楼的过程中就容易出现倒塌等问题。正确的股权设计、合理的股权结构，可以明晰股东的权责利，体现每个股东对公司的贡献，以及相应的利益和权力。

对于合理的股权架构，目前没有可以"一刀切"的方案，它需要根据公司的具体情况、股东之间的合作模式，以及公司的长期发展战略来综合设计。在股权设计的过程中，公司需避开以下三个大坑。

1. 避免股权均分。如果公司大股东之间的股权比例接近，那就是平均分配的股权结构，例如：50%：50%，34%：33%：33%，25%：25%：25%：25%。这种股权结构容易导致决策僵局，所以在设计股权结构时，应该确保有足够的灵活性来确保决策的顺利进行。

2. 避免"一股独大"。"一股独大"是指某一股东占有股权最大比例，可以绝对控制公司的经营权，例如：98%：2%，95%：3%：2%，95%：2%：2%：1%。"一股独大"虽然可以确保决策的高效性，但也容易产生许多弊端。比如：大股东随意侵占小股东的利益，并完全控制公司运营，致使其他小股东缺乏热情，导致股权整合的资源和人力有限；容易形成股东独裁的局面，长期的股东独裁很容易导致公司决策质量下降，致使决策风险大增，有时还会引发股东之间的冲突。

3. 避免被小股东"绑架"。小股东之所以能够"绑架"大股东，一般是因为公司在股权比例设计上出现了问题，例如：40%：40%：20%，49%：48%：3%，48%：47%：5%，45%：45%：10%。在这种股权结构下，小股东站哪边，哪边就掌握话语权，小股东成为大股东拉拢的对象，造成公司的经营管理权极不稳定。对于有三个及以上股东的公司，切记避免出现小股东"绑架"大股东的情况，即大股东股权比例一定要大于另外两个小股东之和。

对于有三个或三个以上股东的公司，理想的股权比例分配方案应该做到，既能够确保公司的决策效率和稳定性，同时又能解决股东之间的合作和信任问题。通常情况下，可以考虑让创始人或主要经营者持有相对较多的股份，确保他们对公司的控制权和利益分配权。同时，也要确保其他股东的权益能够得到尊重和保护。

在实际操作中，除了考虑股权比例，还应该通过详细的合伙协议来明确各方的权利和义务，包括决策机制、股权转让、利润分配、退出机制等关键条款。此外，有些股东对公司的贡献不仅仅体现在资金上，还体现在人力、技术、资源等方面，这些都应该在公司股权比例分配中得到展现。

合理的股权结构设计应该符合公司的实际情况，避免过度依赖兄弟情义或个人关系，而是建立在共同利益和长期合作的基础之上。这样才能确保公司在发展过程中稳定且高效地运营。

第 2 章

了解财税初创常识

08. 公司的五个印章分别有什么用

人逢喜事精神爽，高梯城谈成了一笔利润丰厚的订单，销售合同也已拟定完成，只等双方签字盖章就可以开始合作了。他拿着合同，在回公司的路上盘算着自己这一单能获得的收入，高兴得合不拢嘴。

到了公司，高梯城赶紧找古智要合同专用章，但是古智说自己这里只有公司的公章，而合同专用章被毕程宫出差的时候带走了，只能等他回来才能盖章。高梯城很失落，跟合作方进行了电话沟通，表明合同需要两周后才能盖章邮寄。他挂了电话，默默安慰自己：双方所有事宜都已谈妥，就差一个盖章流程，应该不会出什么差池。

结果还没等毕程宫回来，对方就通知高梯城合作取消。高梯城着急地询问原因，对方表示他们急于推进业务，但高梯城说要等两周才能盖章，他们等不了那么久，就与另一家公司谈好了合作。高梯城气愤至极，到嘴的鸭子就这么飞了！

毕程宫出差回来听说此事后，痛骂了高梯城和古智："我特意将公章留在了公司，就是怕出这种事！你们两个为什么不用公章签合同？"两人面面相觑："合同用公章盖能作数吗？"

问题前置：公章和合同专用章在签署合同时是否具有同等法律效力

公章可以用来签署合同，和合同专用章的法律效力相同。因为公章对外代表公司，在所有印章中具有最高效力，是法人权利的象征。所以只要体现了当事人的真实意思，用公章确认同样可以看作是有效的合同行为。

以点带面：公司五个印章的用途分别是什么

公章、合同专用章、财务专用章、发票专用章和法定代表人章是常见的几种公司印章，它们有不同的用途和法律效力。[3]

1. 公章。公章是公司处理对外事务的重要工具。公章的用途非常广泛，在签署合同、协议、法律文件等重要文件时，公章用于证明文件是由合法的法人实体发出的，具有法律效力；在制作和发布官方文件，如公告、通知、规章制度等时，公章用于证实文件的官方性质和权威性；在财务报表、会计凭证、账簿等财务文件的审核和批准过程中，公章用于确认文件的真实性和准确性；在提交税务申报表、纳税申报表等税务相关文件时，公章用于确认公司的申报信息；在办理银行开户、转账、支票开具等银行业务时，公章用于证实公司的身份和授权；在人事管理中，公章用于签署和发布招聘公告、员工合同、离职证明等文件；在与外部其他公司或个人进行交流和合作时，公章用于证明公司的官方立场和认可。

2. 合同专用章。合同专用章是公司或组织用于在合同、协议等法律文件上盖章的印章，具有法定的证明效力。在签署各类合同、协议时，合同专用章用于证明合同双方的身份和授权，以及确认合同内容的正式性和法律效力。除了合同外，一些法律文件——如授权书、委托书等，也需要使用合同专用章来加强其法律效力。公章可以代替合同专用章使用，对合同和协议而言，两者在法律上具有同等效力。

3. 财务专用章。财务专用章是公司财务管理中使用的专门印章。主要用于审核和确认财务报表、会计凭证、账簿等财务资料的真实性和准确性；在办理银行转账、支票开具等结算业务时，需要使用财务专用章来确认交易的真实性和有效性；在提交税务申报表、纳税申报表等税务相关文件时，财务专用章用于确认公司的申报信息；在财务决策过程中，如预算审批、资金拨付等，财务专用章用于确认决策的有效性。另外，虽然电子发票的普及减少了物理印章的使用频率，但在某些情况下，如必须开具纸质发票或进行发票认证时，仍然需要加盖财务专用章。

4. 发票专用章。发票专用章是在公司领购或开具发票时需要加盖的印章，通常在发票的特定位置加盖，以证明该发票是由合法单位开具的，并且用于合法的税务目的。在税务审计或其他相关税务活动中，发票专用章的使用是一个重要的审核环节。根据《国家税务总局关于增值税发票综合服务平台等事项的公告》（2020年第1号），目前仍有部分行业（如二手车交易、部分农产品收购）及特殊场景（如受票方明确要求）需开具纸质发票，此时仍需加盖实体发票专用章作为合法凭证。

5. 法定代表人章。法定代表人章是指由法人的法定代表人或者其授权的人员使用的印章，它代表了法人的身份和意志。在签署法律文件，如合同、协议、起诉状、答辩状等具有法律效力的文件时，法定代表人章用于证明该文件是由法人代表作出的，代表了法人的意志；在办理银行开户、转账、支票开具等业务时，法定代表人章用于证实公司的身份和授权情况。

在使用这些印章时，需要严格按照公司的内部控制制度和法律法规进行，以确保公司的安全和合法权益。另外，当公司发生股权变更、法定代表人变更等事项时，应及时更新相关印章，以确保印章使用的合法性和有效性。

作者说：根据公司需要，可以刻制多个合同专用章

根据相关法律规定，公司可以根据实际工作需要，刻制多个合同专用章，并且不对公司合同专用章的数量提具体限制要求。

合同专用章的刻制应当遵循以下原则。

1. 正规渠道。合同专用章应当由正规的印章刻制机构完成，以确保印章的质量和法律效力。

2. 授权管理。合同专用章的使用应受到严格的管理和授权，通常由公司的法律部门、行政部门或业务部门负责。

3. 专项使用。合同专用章主要用于签署合同和协议，其效力限于合同

文本。

对于经常需要异地签署合同的公司，刻制多个合同专用章可以方便公司在不同地点使用，同时也有助于提高合同管理的效率，降低风险控制。每个合同专用章的使用都应当有明确的记录和审批流程，以确保印章使用的合法性和安全性。

09. 银行基本存款账户和一般存款账户的区别

随着电商的发展日益壮大，毕程宫也不甘人后，在多家网络平台开展了业务，生意日渐红火。到了年底，毕程宫让古智统计一下各平台的流水情况，这让古智感到十分为难。虽说就四五个平台，每笔业务的金额也不大，但银行流水笔数很多，如果一笔一笔地算下去，古智的工作量将会变得非常大。

古智没办法，只能将上万笔银行流水摆在毕程宫面前，对他说："毕总，咱们的银行流水笔数太多了，我只能统计出整体的收入情况，没办法按平台分别统计它们各自的银行流水情况。"但是毕程宫想看到的正是各平台银行流水的数据对比，他希望能从中筛选出盈利比较好的平台，以便后期增加投入。

于是，毕程宫怒斥古智道："你一个做财务的，连每个平台的流水都统计不出来，还能干什么？你就是一笔一笔地加，也得给我算出它们各自的数据来！"古智暗暗叫苦，如果真的这么一笔笔地计算流水，不但数据容易出错，完成时间也无法保证，最后自己还得挨骂。

💰 问题前置：可以利用银行一般存款账户区分不同的收款渠道

企业规模做大之后，会出现多个收款渠道，为了更好地区分收款渠道，企业可以选择开设多个一般存款账户。比如在天猫、京东、抖音等分别开设商家店铺，不同的平台用不同的一般存款账户进行收款，这样便于统计各平台的收款情况。

💰 以点带面：基本存款账户和一般存款账户的区别

企业在经营过程中会开设银行账户。一般来说，企业只能有一个基本存款账户，但是可以有多个一般存款账户，一般存款账户是建立在基本存款账户基础之上的。基本存款账户和一般存款账户是商业银行提供的两种不同的银行账户服务，它们在功能和用途上有所区别。

基本存款账户是企业开展日常经营活动所需的主要银行结算账户，用于企业的资金收付、工资发放、税费缴纳等。基本存款账户可以办理现金的存取、转账、收付等日常结算业务。每个企业只能在一家银行开立一个基本存款账户，且需经过中国人民银行的审批。

一般存款账户是企业在基本存款账户之外，根据特殊需要开立的银行结算账户，可以办理借款转存、归还和其他结算的资金收付，但不得办理现金支取。企业可以根据需要开立多个一般存款账户，无需经过中国人民银行的审批。一般存款账户适合企业管理特定的资金流向，如贷款资金、专项结算等。

简单来说，基本存款账户是企业日常经营活动的核心账户，而一般存款账户则为企业提供额外的资金管理服务。企业在选择和使用这些账户时，要根据自身的经营特点和资金管理需求进行合理规划。

💰 作者说：什么情况下需要设立一般存款账户

一般存款账户是因企业有借款或其他结算需要，在基本存款账户开户银行以外的银行机构设立的银行结算账户。

1. 借款的需要。在企业的基本存款账户以外的银行贷款时，需要设立一个一般存款账户，将贷款存入这个账户。不同银行的贷款政策略有不同，你需要根据自己企业的业务需求，选择适合的银行办理一般存款账户。

2. 结算的需要。当付款方有特别要求指定用某家银行进行收款时，企业需要在指定银行办理一般存款账户；当企业自身有结算需求，需要用不同的银行统计不同渠道的收款时，也可以在多家银行办理一般存款账户。

3. 其他业务的需要。很多技术公司在业务搭建过程中，都需要在银行开通银企直连业务，不同银行的手续费和服务费略有不同，企业可以根据自身需求，选择一家银行开设一般存款账户。

总的来说，银行一般存款账户是为了方便转账扣款使用的，企业必须在有基本存款账户的前提下才可以开设一般存款账户。

10. 小规模纳税人和一般纳税人的区别

好的销售是企业生存和盈利的重要保障。这段时间，高梯城拿下的订单越来越多，在公司的地位日益提升，这使得他有些飘飘然。正巧今日他又与一家公司签订了合作协议，对方要求开具13%的增值税专用发票，高梯城非常痛快地答应了，还信誓旦旦地表示绝对没有问题。

回公司后，高梯城高兴地把合同交给古智，古智看过后表示其他事项没问题，但是无法给对方开具13%的增值税专用发票，因为公司的身份是小规模纳税人，只能开具3%的增值税发票。这可急坏了高梯城，他赶忙去找合作方更改合同，对方表示如果只能提供3%的增值税发票的话，之前谈好的价格就需要下调，否则就要他们公司赔偿违约金。这令高梯城焦虑万分，他担心不仅这笔提成自己拿不到了，而且还会让公司损失不少钱，真是赔了夫人又折兵！

💰 问题前置：小规模纳税人使用征收率开具增值税发票

小规模纳税人使用征收率开具增值税发票，有5%、3%两档。税率是一般纳税人开增值税发票时使用的，有13%、9%、6%、0%四档。因为二者的征收比率完全不同，所以小规模纳税人一般不使用税率开具增值税发票。

💰 以点带面：小规模纳税人和一般纳税人的区别

小规模纳税人和一般纳税人主要是增值税纳税身份上的不同，具体来说有以下五点区别。[4]

1. 使用的增值税税率/征收率不同。 如前所述，增值税的税率有四档，征收率则有两档。2%、1%、0.5%则是优惠征收率，这些征收率适用于特定的税收优惠政策。小规模纳税人使用征收率，而一般纳税人普遍使用税率。当一般纳税人选择简易征收时，也可以使用征收率。

2. 计税方法不同。 一般计税法也叫抵扣计税法，计算公式为：应交增值税＝当期销项税额－当期进项税额；此外还有一种简易计税法，计算公式为：应交增值税＝不含税销售额×征收率＝含税销售额÷（1＋征收率）×征收率。

一般纳税人用税率开具增值税发票时，使用一般计税法；用征收率开具增值税发票时，使用简易计税法。小规模纳税人只能使用简易计税法计算。

3. 增值税进项抵扣规则不同。 一般纳税人收到增值税专用发票，可以抵扣增值税进项税；收到普通发票（特殊类型除外），则不能抵扣增值税进项税。小规模纳税人不能抵扣增值税进项税。

4. 税收优惠不同。 小规模纳税人用征收率3%开具增值税普通发票时，如果月销售额未超过10万元（含本数），那么可以免征增值税，优惠期为 2023 年 1 月 1 日至 2027 年 12 月 31 日。小规模纳税人如果开具增值税专用发票，即使销售额未超过免征额度，也不能享受免征增值税的优惠政策，而需要按照 1% 征收率缴纳增值税。

5. 申报方式不同。一般纳税人申报增值税时，需要按月申报；小规模纳税人申报增值税时，可以选择以一个月或一个季度为纳税期限进行申报，一经选择，一个会计年度内不得变更。

作者说：有关小规模纳税人的注意事项

小规模纳税人目前在增值税方面有一定的优惠政策，除前文提到的内容外，在开具发票时还需要注意以下两点。

第一点，小规模纳税人开增值税专用发票时，可以选择适用减按 1% 征收率征收增值税，也可以选择放弃减税并开具增值税专用发票，按征收率 3% 开具。

第二点，小规模纳税人开具增值税专用发票的金额会占用月度 10 万元或季度 30 万元的免征额度。例如，企业开具 30 万元增值税普通发票和 20 万元增值税专用发票，合计金额超过了免征额度。这时，30 万元的增值税普通发票和 20 万元的增值税专用发票都需要缴纳增值税。

11. 小规模纳税人和一般纳税人如何选择

毕程宫的公司近期打算拓宽业务，增加宠物零食业务。他决定成立单独的公司用于新业务开展，公司纳税身份选择为一般纳税人，这样显得公司比较有实力。

高梯城作为公司的业务骨干，能力是有目共睹的，但面对新业务他却感到有些力不从心，与多家公司洽谈业务结果都是无功而返。后来打听一下他才得知，因为自家的报价高于同行，才没有被选择。由于他们公司是一般纳税人的身份，即便按成本价 100 万元进行报价，只要加上 13% 的增值税，那么最低价格也得是 113 万元，而同行的最后报价都是 100 万元出头，他们公司自然竞争不过别人。

回到公司后，高梯城将情况汇报给毕程宫，毕程宫马上与高梯城、古智一起开会讨论此事，经过成本核算，并查询过同行的身份后，他们终于找到了原因。自家公司是一般纳税人，无法享受免税政策，而同行和客户基本都是小规模纳税人，他们的月销售额都在 10 万元以下（含本数），所以目前免征增值税。他们的公司因此错过了很多订单，这令毕程宫很烦恼，后悔当初自己过于草率地将公司注册成了一般纳税人。

问题前置：不要盲目申请成为一般纳税人

企业成立之初，在做税务登记时只要满足一定的条件，就可以直接申请成为一般纳税人。但是，一经认定为一般纳税人后，除特定条件下，不得转为小规模纳税人。所以，创业者要谨慎选择纳税身份。

以点带面：综合考虑以下五个方面的因素，合理选择企业纳税身份

企业在进行税务登记时，应基于以下五个因素，综合考虑后再决定选择哪种纳税身份。

1. 企业规模与销售额情况。如果企业投资规模较大，预计年销售额会超过 500 万元，那么我建议企业选择成为一般纳税人。对于规模较小，预计月销售额在 10 万元及以下的企业，我的建议是选择小规模纳税人，可以享受简化税务处理和增值税税收优惠。

2. 供应链状况。如果企业的供应商和客户都是一般纳税人，能够形成

完整的增值税抵扣链条,那么我建议企业选择一般纳税人。如果企业供应链中的大部分合作伙伴是小规模纳税人,那么企业选择小规模纳税人可能更便捷。

3. **进项税抵扣情况**。如果企业成本费用构成中取得增值税专用发票的占比较高,进项税额可充分抵扣,通过测算的增值税税负率低于3%,那么我建议企业选择一般纳税人;如果企业的进项税额较少,或者无法充分抵扣,那么选择小规模纳税人的税负可能更轻。

4. **行业特性**。某些行业的税率较高,如销售货物、提供应税劳务、有形动产租赁等,行业税率为13%。如果行业税率较高,且进项税不足或进销差价较大,那么选择小规模纳税人可以减轻一些税负。对于税率较低或能够享受更多税收优惠的行业,选择一般纳税人可能更有优势。

5. **税收优惠政策**。某些行业会有行业性优惠政策,例如自行开发软件产品的企业,在销售其软件产品时,增值税税负率超过3%的部分可享受即征即退政策。如果企业能充分利用这些优惠政策,选择一般纳税人可能更有利;如果企业所在的行业税收优惠较少,小规模纳税人可能更符合成本效益原则。

除了上述五点因素外,企业还应考虑自身财务管理能力、税务合规成本和对税务风险的承受能力。此外,随着国家税收政策的不断调整,企业还应密切关注最新出台的相关政策法规,以确保选择最合适的纳税人身份。

作者说:年销售额的时间概念和销售额的确认方法

比如:某公司年销售额500万元。此处的"年"并非指公历年度,不是指从1月1日至12月31日(除非恰好符合此情形),年销售额是指连续12个月或4个季度的经营期内累计应征增值税销售额。

年销售额包括纳税申报销售额、稽查查补销售额、纳税评估调整销额。若是差额计税，则按差额前销售额进行计算。偶然发生的销售无形资产、转让不动产等，不包含在年销售额500万元之内。

因此，企业要充分了解年销售额的时间概念和销售额的确认方法，一旦升为一般纳税人，就无法转回小规模纳税人。不要等到身份不可逆了，再追悔莫及！

12. 小型微利企业一定是小规模纳税人吗

毕程宫的公司今年业绩格外优异，他想着交完各项税费后，给大家多发些奖金。于是，毕程宫叫来古智询问公司的财务情况，但古智的回答令他十分诧异，与他预计的金额相去甚远。尤其是在企业所得税的税额上，实际金额与毕程宫预想的出入很大，他对此很费解，问道："公司是小规模纳税人，也就是小型微利企业，理应享受企业所得税的优惠政策。为什么企业所得税的税率还是25%呢？"

古智对这个问题也有点含糊，赶紧去问一个同行朋友，这才得知小规模纳税人并不一定是小型微利企业。由于公司今年的利润超过了300万元，不满足小型微利企业的认定标准，自然无法享受小型微利企业的税收优惠政策。

❖ 问题前置：小规模纳税人不一定是小型微利企业

小型微利企业和小规模纳税人，听上去有些相似，但两者并不是完全重合的概念。小规模纳税人和一般纳税人是增值税方面的概念；而小型微利企业是小型企业、微型企业、家庭作坊式企业的统称，是指缴纳企业所得税时享受优惠政策的企业。

💰 以点带面：小型微利企业的认定标准及税收优惠政策

小型微利企业需要同时符合以下三个条件，才能被认定：年度应纳税所得额不超过 300 万元、从业人数不超过 300 人、资产总额不超过 5,000 万元。[5]

对小型微利企业年应纳税所得额不超过 300 万元的部分，减按 25% 计入应纳税所得额，按 20% 的税率缴纳企业所得税。

若企业应纳税所得额是 100 万元，应交企业所得税 = 100 × 25% × 20% = 5 万元；若企业应纳税所得额是 300 万元，应交企业所得税 = 300 × 25% × 20% = 15 万元；若企业应纳税所得额是 301 万元，应交企业所得税 = 301 × 25% = 75.25 万元。

由此可见，小型微利企业的企业所得税税率是 20%，而人们经常提到的 5% 是企业所得税的税负率。当企业应纳税所得额超过 300 万元时，就不符合小型微利企业的认定标准了，也就不能享受优惠政策，只能用企业所得税的正常税率 25% 来缴纳企业所得税。

💰 作者说：一般纳税人可以享受小型微利企业税收优惠政策吗

不管是一般纳税人，还是小规模纳税人，只要满足小型微利企业的三个认定标准，就可以享受小型微利企业税收优惠政策。一般纳税人也有可能享受到小型微利企业的税收优惠政策。符合条件的企业在季度预缴或年终汇算清缴时直接申报享受，无需审批。

13. 增值税普通发票和增值税专用发票的区别

毕程宫名下有一家属于一般纳税人的空调销售公司，每年快到夏天的时候，公司的业务量便会骤增。一方面，收入大增令毕程宫十分高兴；但另一方面，税收的压力也使他有些头疼。

最近，高梯城又约了几个代理商洽谈业务，毕程宫特意嘱咐高梯城说："合作方大多是小规模纳税人，签合同时你一定要注意，在合同里注明开具的是增值税普通发票，开增值税普通发票的税率可比开增值税专用发票的税率低多了！"

几份代理合同顺利签署完，进入了打款开票的流程。古智开票时虽然开具的是增值税普通发票，但使用的依然是13%的税率。毕程宫得知后十分生气，找到古智问责，古智反驳说："咱们公司的纳税身份是一般纳税人，无论开具哪种发票，税率都是不变的。"毕程宫对此十分不解，甚至认为古智太不专业了。古智感到很委屈，但不知道应该怎么解释……

💲 问题前置：很多人对增值税专用发票和增值税普通发票认识存在误区

很多人认为，增值税普通发票的税率肯定低于增值税专用发票，其实不然。对于同一纳税人的同一增值税应税事项来说，不管是打算开具增值税专用发票还是增值税普通发票，使用的增值税税率都是相同的。

例如，一般纳税人销售货物，开具增值税专用发票或增值税普通发票，税率都是13%；一般纳税人提供技术服务，开具增值税专用发票或增值税普通发票，税率都是6%。

💲 以点带面：增值税专用发票和增值税普通发票的区别在哪里

增值税专用发票和增值税普通发票主要有以下几个方面的区别。

1. 票面的区别。增值税专用发票有"增值税专用发票"字样，增值税普通发票则是"增值税普通发票"字样。

2. 发票抬头填制不同。 开具增值税专用发票时，需要填写购货方详细的资料信息，包括单位名称、纳税人识别号、地址及电话、开户银行及账号；开具增值税普通发票时，仅需要填写购货方的单位名称、纳税人识别号两项。

3. 纸质联次不同。 增值税专用发票一般是三联，增值税普通发票一般是两联。

4. 税款抵扣功能不同。 购货方按照相关规定，可凭增值税专用发票来抵扣其支付的进项税额；增值税普通发票一般情况下不具备税款抵扣功能，购货方不能用它来抵扣进项税。但增值税普通发票也存在一些特殊情况，可以计算抵扣进项税，例如农产品收购发票、公路通行费发票等，具体情况需要企业依据具体的税收法规和政策来确定。

作者说：一般纳税人在什么情况下不能开具增值税专用发票

一般纳税人通常开具的都是增值税专用发票，但遇到下列情形时，不能开具增值税专用发票，只能开具增值税普通发票。[6]

- 向消费者个人销售货物、应税劳务、无形资产或者不动产的。
- 发生的应税销售行为适用免征增值税的规定的。
- 销售企业使用过的固定资产，按简易办法依3%征收率减按2%征收增值税的。
- 单采血浆站销售非临床用人体血液，可以按照简易办法依照3%征收率计算应纳税额的。
- 适用零税率应税服务的。
- 纳税人销售旧货的。
- 会计核算不健全或不能提供准确税务资料的。

以上这些情形企业都不能开具增值税专用发票。除此之外，开具增值税发票要注意五点内容。

- 购买方信息要填完整，不得有误。

・发票内容要如实开具，不得填写与实际交易不相符的内容，变名开票行为也属于虚开发票。

・选择正确的税收分类编码。

・发票备注栏填写要规范。

・发票盖章有要求，增值税专用发票的发票联和抵扣联要加盖发票专用章或财务专用章（全面数字化的电子发票、电子发票除外）。

14. 企业工商年报是什么

时光飞逝，又到了七月盛夏，不知不觉中毕程宫的新公司已经成立一年多了，公司的所有业务都在有条不紊地运行着。

然而，毕程宫最近却接到很多莫名其妙的电话，说他的公司目前处于工商异常状态，询问需不需要帮他处理这个问题。开始时，毕程宫还认为这些都是推销电话，不予理睬。可是当他不断地接到此类电话后，便坐不住了，赶紧让古智登录工商网站进行查询。

古智查询到的结果还真是公司处于工商异常状态。他们搜索一番后才找到原因，原来公司今年没有申报工商年报。心慌意乱的古智只能赶紧找代理公司，尽快处理。

问题前置：工商年报需要企业每年自行申报

工商年报，顾名思义就是"公示年度报告"，是面向社会公示的一种企业年度报告，企业应该在每年的1月1日至6月30日期间，通过国家企业信用信息公示系统向市场监督管理部门提交上一年的年度报告，并向社会公示。如果企业是当年新注册成立的，则该企业年报可以等到下一年再报送并向社会公示。

以点带面：工商年报是什么

工商年报又称"工商年检"，由企业自己对年度报告的真实性、合法性负责。工商年审和工商年报都是指企业年度报告公示，是《企业信息公示暂行条例》规定的企业的法定义务。

凡是在市场监督管理部门进行注册登记的市场主体（包括企业、农民专业合作社、个体工商户），均应向市场监督管理部门报送企业年度报告。

企业不进行年报或逾期年报的后果有：被列入经营异常名录，同时可能被处以1万元以下的罚款，三年以上未报的企业将永久列入经营异常名单并无法恢复，情节严重的可能还会有行政处罚；业务限制，法人、股东贷款、参与投标等行为将受到限制；信誉受损，影响与其他企业或机构的合作，特别是在贷款、投资、出入境、招标投标和政府采购项目等方面会受到限制；个人信用影响，企业法定代表人、负责人在三年内不得担任其他企业的法定代表人、负责人。

作者说：小心年报陷阱，提示大有必要

每年6月30日前，各家企业都需要做出工商年报，否则将被列入经营异常名录，影响企业经营。在这段时间里，会有不少骗子打着官方的旗号进行电信诈骗，他们经常以通知年报修改时间、更改企业营业执照等为诱饵，诱导企业老板点击短信链接，通过钓鱼网站进行诈骗。

比如，有一位企业老板曾收到一条"个体信息已到期"的短信，要求他在24小时内续签营业执照，延时将受到限制和处罚。这位企业老板的第一想法就是不要影响企业经营，并且当时正值企业工商年报提交期间，所以他没有怀疑，就点击了短信中的链接，并按照网页上的要求进行了操作，填写了姓名、身份证号、银行卡号以及短信验证码等重要个人信息。

没过多久，这位企业老板就收到一条银行卡被扣款的短信通知，这时他才突然醒悟过来，自己是被骗了。

骗子正是利用了企业老板们在工商年报期间的焦虑心理，对他们进行有针对性的诈骗。因此，在工商年报提交期间，企业老板们要谨慎行事，避免掉入诈骗陷阱。同时要做到"三不要"——不要轻信短信内容、不要点击陌生链接、不要填写个人信息。

15. 企业所得税汇算清缴是什么

临近年底，古智的工作更加繁忙，清理往来账、盘点库存、调账、年终结账、出具财务报表、汇算清缴……

古智一直在工作上比较细心，年底结账时，她把全年的收入、成本费用重新检查了一遍，利润表里显示公司的利润总额是280万元，没有超过300万元，可以享受小型微利企业的税收优惠，按其标准进行季度预缴企业所得税申报。

在反复确认过利润金额后，古智才放心地做好了年终结账。但在次年填写汇算清缴时，没想到还是在企业所得税这里出了问题，税务局的税表显示公司需要补缴企业所得税60多万元，这真是给了古智当头一棒。

经过反复核查，古智才查明公司的业务招待费、福利费这两项超标，不能在税前全额扣除，需要做纳税调增。而调增后的利润超过了300万元，不符合小型微利企业的认定标准，所以企业所得税需要用25%的税率重新计算。

古智恍然大悟，是自己忘了有些费用是有扣除比例的，才导致公司需要补税60多万元，她追悔莫及。

第 2 章　了解财税初创常识

问题前置：会计利润和应纳税所得额之间有差异

会计利润是利润表里的金额，而缴纳企业所得税需要在会计利润的基础上进行调整，调整后得出的金额叫作应纳税所得额。

汇算清缴就是以会计数据为基础，将财务会计处理时和税法规定不一致的地方，按照税法的规定进行纳税调整。

以点带面：汇算清缴时需要调整的项目种类

一般来说，有关企业所得税汇算清缴需调整的项目，主要包括以下几类。[7]

收入类项目需要调整的具体事项包括

1. **不征税收入**。包括财政拨款、依法收取并纳入财政管理的行政事业性收费、政府性基金以及国务院规定的其他不征税收入。

2. **国债利息收入**。不计入应纳税所得额，但中途转让的所得收益应当计税。

3. **视同销售收入**。企业内部处置资产或者非货币性资产交换，以及将资产用于市场推广或捐赠等，需按照市场价值视同销售确认收入。

支出类项目需要调整的主要有以下几类

1. **职工福利费**。企业发生的职工福利费支出，不超过工资薪金总额14%的部分，准予扣除。

2. **工会经费**。企业拨缴的工会经费，不超过工资薪金总额2%的部分，准予扣除。

3. **职工教育经费**。企业发生的职工教育经费支出，不超过工资薪金总额8%的部分，准予扣除；超过部分，准予在以后纳税年度结转扣除。

4. **补充养老保险和补充医疗保险支出**。企业发生的补充养老保险和补充医疗保险支出不超过工资薪金总额5%的部分，准予扣除。

5. **利息支出**。企业在生产经营活动中发生的下列利息支出，准予扣除：非金融机构向金融机构借款的利息支出、金融机构的各项存款利息支出和同业拆借利息支出、企业经批准发行债券的利息支出；非金融机构向非金融机构借款的利息支出，不超过按照金融机构同期同类贷款利息计算的数额部分。另外，企业从其关联方接受的债券性投资与其权益性投资比例超过规定标准而发生的利息支出，超过部分不得在发生当期和以后年度扣除。

6. **业务招待费**。企业发生的与生产经营活动有关的业务招待费支出，按照发生额的60%扣除，但不得超过当年销售（营业）收入的5‰。

7. **广告费和业务宣传费支出**。企业发生的符合条件的广告费和业务宣传费支出，除国务院财政、税务主管部门另有规定外，不超过当年销售（营业）收入15%的部分准予扣除，超过部分准予在以后纳税年度结转扣除；化妆品制造或销售、医药制造、饮料制造（不含酒类制造），不超过当年销售（营业）收入30%的部分准予扣除，超过部分准予在以后纳税年度结转扣除；烟草企业的烟草广告费和业务宣传费支出，一律不得在税前扣除。

8. **罚款、罚金、税收滞纳金，不得扣除**。

9. **捐赠**。企业发生的公益性捐赠支出，不超过当年利润总额12%的部分，准予扣除；超过年度利润总额12%的部分，准予结转以后三年内在计算应纳税所得额时扣除。而非公益性捐赠不得扣除，应做纳税调增。

10. **手续费和佣金支出**。一般企业发生的手续费和佣金支出不超过与具有合法经营资格中介服务机构或个人(不含交易双方及其雇员、代理人和代表人等)所签订服务协议或合同确认的收入金额5%的部分，准予扣除。

11. **研发费用支出加计扣除**。企业开展研发活动中实际发生的研发费用，未形成无形资产计入当期损益的，在按规定据实扣除的基础上，自

2023年1月1日起，按照实际发生额的100%在税前加计扣除；形成无形资产的，自2023年1月1日起，按照无形资产成本的200%在税前摊销。

12. 残疾人工资加计扣除。企业安置残疾人员的，在残疾人职工工资据实扣除的基础上，按照支付给残疾人职工工资的100%加计扣除。

作者说：汇算清缴中有关税前扣除的六大误区

想要在企业所得税税前扣除，就需要有能证明与取得收入相关且合理的支出凭证，即税前扣除凭证。对于税前扣除，一般有以下六大误区。

1. 500元以下的支出不需要发票就能税前扣除。这需要同时满足以下两个条件：首先，对方为依法无需办理税务登记的单位或者从事小额零星经营业务的个人；其次，收款凭证应载明收款单位名称、个人姓名及身份证号、支出项目、收款金额等相关信息。

2. 银行手续费未取得发票也可以在税前扣除。银行手续费属于增值税的应税范围，企业在支付时应要求银行开具对应的发票，否则会因无法税前扣除造成损失。

3. 只要有发票，就一定可以税前扣除。税前扣除不能"唯发票论"，很多企业业务仅凭一张发票并不能完全佐证其真实性。企业应该将与税前扣除凭证相关的资料，包括合同协议、支出依据、付款凭证等留存备查，以证实税前扣除凭证的真实性。

例如，对会议费的报销，在进行税前扣除时需要附上会议通知、会议记录、参会人员名单、签到表等资料；对差旅费的报销，需要关注差旅费报销单内容是否填写齐全，餐饮、住宿、交通等项目的发票是否为出差地的发票，提供的人员名单是否与实际派出的人数吻合；对加油费的报销，需要关注企业账面上是否有车辆信息，加油费总额是否超过了车辆理论行车的最大油耗量等。

4. 差旅费补贴必须有发票才能税前扣除。差旅补贴无需发票，只需企业制定相关的合理出差补贴制度，并附上证明真实、合法的凭证即可。差旅补贴的项目包括：出差人员姓名、地点、时间、任务，以及交通费、住宿费的支付凭证等。与此类似的费用还有误餐补贴，根据实际误餐顿数，按规定的标准领取的误餐费无需发票，附上误餐补助发放明细表、付款证明、相应的签领单等作为税前扣除的合法有效凭证即可。

5. 支付的未履行合同的违约金支出，必须有发票才能税前扣除。这项支出不属于增值税应税行为，不需要取得发票。凭双方签订的提供应税货物或应税劳务的协议、双方签订的赔偿协议、收款方开具的收据，甚至是法院判决书或调解书、仲裁机构的裁定书等，都可以在税前扣除。

6. 个人抬头的发票绝对不能税前扣除。有些个人抬头的票据，只要是真实、合法、有效的凭据，且是与企业取得收入有关的、合理的支出，就可以在税前扣除。例如，员工因公出差的机票和火车票、员工出差过程中的人身意外保险费发票、员工因公出差取得个人抬头的签证费；员工教育费范畴的职业技能鉴定、职业资格认证等经费支出；员工入职前到医疗机构体检的费用票据等。这里需要注意的是，目前大部分地区对个人抬头的手机通信费发票等支出凭证是不允许税前扣除的。

第 3 章

企业各类人员的薪酬安排

16. 临时工工资属于工资薪金还是劳务报酬

随着业务量的增加，毕程宫的公司规模不断扩大，办公区域自然也增大了不少，需要更多保洁人员来保持公司的环境整洁。毕程宫很快就招聘到几个优秀的保洁人员，虽然他们每周只工作三天，但是工作质量令人十分满意。

马上到了给保洁人员发工资的日子，古智又犯难了：其他员工的工资一直都是按照工资薪金发放并且申报个人所得税的，这几个保洁人员是临时工，他们的报酬是属于工资薪金还是劳务报酬呢？拿不定主意的古智，只好向同行朋友求教……

问题前置：工资薪金和劳务报酬的主要区别在于是否存在雇佣关系

在实践中，有人经常会混淆劳动关系与劳务关系这两个概念。劳动关系下的工资薪金收入与劳务关系下的劳务报酬收入的主要区别在于：取得工资薪金的人与企业存在雇佣关系，取得劳务报酬的人与企业不存在雇佣关系。

临时工若与企业存在雇佣关系，其报酬按照工资薪金所得申报纳税；临时工若与企业不存在雇佣关系，其报酬则按照劳务报酬所得申报纳税。

以点带面：临时工的报酬属于工资薪金还是劳务报酬

临时工是企业对临时用工人员的一种泛称，在法律上并没有临时工的概念，通常是将临时工视为非全日制用工，按小时计酬。还是回到最初的问题，企业支付给临时工的工资，是作为工资薪金，凭借工资单在税前扣除，按照工资薪金所得为其代扣代缴个人所得税；还是作为劳务报酬，凭借发票等合法凭证在税前扣除，按照劳务报酬所得为其代扣代缴个人所得税呢？

1. 一般情况下，满足下列条件之一的临时工，其报酬作为工资薪金核算：

（1）与用人单位签订了劳动合同。

（2）与用人单位虽未签订劳动合同，但存在实质雇佣关系。例如，劳动者需要遵守企业日常管理规定，上下班打卡，企业按月定期支付报酬等。

2. 一般情况下，满足下列条件之一的临时工，其报酬作为劳务报酬核算：

（1）与用人单位签订了劳务合同。

（2）与用人单位不存在实际雇佣关系，只是偶尔提供或按次提供劳务，用人单位按次支付报酬。比如，企业办公室计算机出现故障，临时请人来修理，按修理次数付钱，就算是劳务报酬。

报酬属于工资薪金时，由企业在发放时预扣预缴个人所得税，实行的是累计预扣预缴法。计算公式为：本期应预扣预缴税额=（累计预扣预缴应纳税所得额×预扣率-速算扣除数）-累计减免税额-累计已预扣预缴税额。其中，累计预扣预缴应纳税所得额=累计收入-累计免税收入-累计减除费用-累计专项扣除-累计专项附加扣除-累计依法确定的其他扣除。

个人所得税七级超额累进税率表如表3-1所示。

表3-1 个人所得税七级超额累进税率表
（综合所得适用）

级数	累计预扣预缴应纳税所得额	预扣率（%）	速算扣除数
1	不超过36,000元的部分	3	0
2	超过36,000元至144,000元的部分	10	2,520元
3	超过144,000元至300,000元的部分	20	16,920元
4	超过300,000元至420,000元的部分	25	31,920元
5	超过420,000元至660,000元的部分	30	52,920元
6	超过660,000元至960,000元的部分	35	85,920元
7	超过960,000元的部分	45	181,920元

举例：小张1—3月工资分别为8,000元、12,000元、10,000元，住房贷款利息专项附加扣除1,000元/月，社保每月扣除1,000元/月，则企业为小张1—3月预扣预缴税额如下：

1月：累计预扣预缴应纳税所得额＝8,000－5,000－1,000－1,000＝1,000（元），预扣预缴税额＝1,000×3%＝30（元）。

2月：累计预扣预缴应纳税所得额＝(8,000＋12,000)－5,000×2－1,000×2－1,000×2＝6,000（元），预扣预缴税额＝6,000×3%－30＝150（元）。

3月：累计预扣预缴应纳税所得额＝(8,000＋12,000＋10,000)－5,000×3－1,000×3－1,000×3＝9,000（元），预扣预缴税额＝9,000×3%－30－150＝90（元）。

属于劳务报酬时，由企业在支付款项时代扣代缴个人所得税，劳务报酬所得按次计算。当劳务报酬所得在800元以下（含800元）时，免征个人所得税；在800元~4,000元（含4,000元）时，扣除费用为800元；在4,000元以上时，扣除费用为收入的20%。计算公式为：预扣预缴应纳税所得额＝每次收入－扣除费用，本期应预扣预缴税额＝预扣预缴应纳税所得额×预扣率－速算扣除数。

劳务报酬所得预扣预缴税率表如表3-2所示。

表3-2 劳务报酬所得预扣预缴税率表
（居民个人劳务报酬所得预扣预缴适用）

级数	预扣预缴应纳税所得额	预扣率（%）	速算扣除数
1	不超过20,000元的部分	20	0
2	超过20,000元至50,000元的部分	30	2,000元
3	超过50,000元的部分	40	7,000元

举例：小李劳务报酬分别为4,000元、40,000元和80,000元时，如何计算他的预扣预缴税额？

小李的劳务报酬是 4,000 元时，预扣预缴税额 =（4,000 – 800）× 20% = 640（元）。

小李的劳务报酬是 40,000 元时，预扣预缴税额 = 40,000 ×（1 – 20%）× 30% – 2,000 = 7,600（元）。

小李的劳务报酬是 80,000 元时，预扣预缴税额 = 80,000 ×（1 – 20%）× 40% – 7,000 = 18,600（元）。

对于员工个人来说，工资薪金所得和劳务报酬所得均属于综合所得，需要在次年的 3 月 1 日至 6 月 30 日期间自行办理综合所得汇算清缴。综合所得汇算清缴税率表与个人所得税七级超额累进税率表一致。劳务报酬所得汇算清缴时，以劳务报酬所得总额的 80% 计入综合所得。

作者说：支付劳务报酬前需要取得税前扣除凭证

人工成本是企业成本中非常重要的一部分内容，需要企业对此加以重视。在为员工支付劳务报酬前，需要取得下面这些资料作为税前扣除凭证。

若存在雇佣关系，企业或者个体工商户聘用的员工为本企业或者雇主提供服务不属于增值税应税范围，所以无需取得增值税发票，可以用工资表、考勤表、银行流水、个税申报记录等作为税前扣除凭证。

若不存在雇佣关系，企业在境内发生的支出项目属于增值税应税项目，需要取得发票作为税前扣除凭证。

17. 年终奖的计税方式是什么

公司这一年的业绩又创新高，毕程宫对此十分高兴。为了激励员工更加努力上进，毕程宫决定给一些表现突出的员工发放年终奖。

高梯城和古智被选为优秀员工，两人都为公司做出了突出的贡献。高梯城由于销售业绩好，深受毕程官的青睐，因此多给他发了 500 元，奖金总额为 36,500 元。而给古智发的奖金总额为 36,000 元。

这明明是一件让大家更团结一心、努力工作的好事，谁知后来却引发了事端。原来这笔奖金高梯城需要缴纳个人所得税 3,440 元，最后到手的是 33,060 元；而古智需要缴纳个人所得税 1,080 元，最后到手的是 34,920 元。高梯城对此很生气，自己的奖金明明比古智高，缴完税后却比古智的少了。他马上去找毕程官理论，要求再多发一部分奖金。

问题前置：搞清楚年终奖临界点

年终奖有临界点，因此会出现"年终奖多发 1 元，到手收入少千元"的情况。比如上面故事中提到的 36,000 元就是一个临界点。

如果企业发放 36,000 元年终奖，员工需要缴纳的个人所得税 = 36,000 × 3% = 1,080（元），到手收入是 34,920 元。企业如果多发 1 元奖金，也就是发放 36,001 元年终奖，员工需要缴纳的个人所得税 = 36,001 × 10% - 210 = 3,390.1（元），到手收入是 32,610.9 元。

相比之下，企业多发 1 元年终奖，员工到手收入反而少了 2,309.1 元，也不怪员工会对此感到生气了。

此外，14.4 万元、30 万元、42 万元、66 万元、96 万元也都是临界点，需要企业在发放奖金时特别注意。

以点带面：一次性年终奖有两种计税方式

一次性年终奖（即全年一次性奖金）的计税方式有两种，一种是单独计税（目前该政策延续至 2027 年 12 月 31 日），一种是并入综合所得计税。

1. 单独计税。在 2027 年 12 月 31 日之前，获得全年一次性奖金的个人，可以选择以个人取得的全年一次性奖金收入除以 12 个月，按照按月换算后的综合所得税率表（见表 3-3）来计算个人所得税。计算公式为：应纳税额 = 全年一次性奖金收入 × 税率 – 速算扣除数。

表 3-3　按月换算后的综合所得税率表
（全年一次性奖金适用）

级数	全月应纳税所得额	税率（%）	速算扣除数
1	不超过 3,000 元的	3	0
2	超过 3,000 元至 12,000 元的部分	10	210 元
3	超过 12,000 元至 25,000 元的部分	20	1,410 元
4	超过 25,000 元至 35,000 元的部分	25	2,660 元
5	超过 35,000 元至 55,000 元的部分	30	4,410 元
6	超过 55,000 元至 80,000 元的部分	35	7,160 元
7	超过 80,000 元的部分	45	15,160 元

2. 并入综合所得计税。个人取得全年一次性奖金后，也可以选择将全年一次性奖金并入当年综合所得按年计算纳税，采用累计预扣预缴法计算个人所得税。

在不同计税方式下，年终奖个人所得税金额也有所不同。例如，某企业员工每月工资 15,000 元，季度奖金 4,000 元，年终奖金 36,000 元。每月符合国家规定扣除的五险一金为 2,000 元，专项附加扣除为 1,000 元。

按照单独计税的公式，该员工全年工资薪金应纳税额 =（15,000 × 12 + 4,000 × 4 – 60,000（免征额）– 2,000 × 12 – 1,000 × 12）× 10% – 2,520 = 7,480（元），全年一次性奖金的应纳税额 = 36,000 × 3% = 1,080（元），合计缴税 8,560 元。

若将该员工全年一次性奖金并入当年综合所得，计算个人所得税，那么综合所得应缴纳税额 = (15,000 × 12 + 4,000 × 4 + 36,000 − 60,000 − 2,000 × 12 − 1,000 × 12) × 10% − 2,520 = 11,080（元）。

作者说：哪一种计税方式，能让我们拿到更多的钱呢

这主要看员工个人的工资收入情况。

低收入者适合将全年一次性奖金并入综合所得计税。比如，张三每个月的工资是 5,000 元，全年一次性奖金是 12,000 元，每月专项附加扣除 1,000 元。如果按照单独计税的方式，工资应纳税额为 0 元，全年一次性奖金应纳税额 = 12,000 × 3% = 360（元）。如果将全年一次性奖金并入综合所得计税，把年终奖平均分到 12 个月里，每个月的工资相当于从 5,000 元增加到 6,000 元。因为张三刚好有一项专项附加扣除，综合所得应纳税所得额为 0 元，税额也为 0 元。因此，对于低收入者来说，选择将全年一次性奖金并入综合所得计税的方法更划算。

高收入者适合单独计税的方法。比如，李四全年应纳税所得额适用税率为 45%。如果李四的全年一次性奖金是 10 万元，把奖金并入综合所得计税，税率就是 45%，扣税的金额 = 100,000 × 45% = 45,000（元）；如果用单独计税法，全年一次性奖金的应纳税额 = 100,000 × 10% − 210 = 9,790（元）。因此，对于高收入者来说，选择单独计税的方法更合适。

如果你看完这部分内容后，还是不能确定自己适合哪种计税方式的话，也可以选择在年度个人所得税汇算清缴时，利用个人所得税 App 分别计算出单独计税、合并计税时需要缴纳的税额，哪个税额更低，就选哪种计税方法。

最后需要提醒企业的是，企业支付给职工的年终奖，最晚需要在次年的企业所得税汇算清缴前（5 月 31 日）实际发放，才能在企业所得税汇算清缴时扣除，且一年只可扣除一次。

18. 退休返聘人员的工资是否需要缴纳个人所得税

现在很多家长都非常重视培养孩子的艺术素养，他们带着孩子在课余时间奔波于各大艺术培训机构之间。毕程宫从中看到了商机，也想来瓜分这块"蛋糕"，于是他火速成立了一家艺术培训公司。公司经营一段时间后，业务趋于稳定，人员体系也逐渐完善。

起初公司聘用的大多是年轻的培训老师，虽然他们年轻有活力，但缺乏教学经验，所以得到的教学评价并不高。为了提高教学满意度，毕程宫打算聘请几位有教学经验的老师，让这些老师在给学生上课的同时，再给年轻老师做做培训。古智提议毕程宫聘用退休老师，一方面可以满足老师资历深的需求，另一方面给退休返聘人员发的工资免征个人所得税，公司也不用给退休返聘人员缴纳社保。这个提议让毕程宫很满意，他大大夸赞了古智一番。

结果到公司审计时，审计人员发现他们公司有漏税的情况，退休返聘老师的工资都未按期进行个人所得税申报。这令古智感到不解：退休返聘人员的工资不是免征个人所得税吗？

问题前置：退休返聘人员的工资需要缴纳个人所得税

退休返聘人员免征个人所得税的工资，指的是社保局发放的退休金。而企业聘用退休人员时支付的工资是需要申报个人所得税的，个人所得税由返聘企业发放工资时代扣代缴。

以点带面：退休返聘人员的工资按什么类目缴纳个人所得税

企业返聘退休人员时，是按照工资薪金所得还是劳务报酬所得支付费用，取决于双方签订的合同类型。

如果企业与退休人员签订的是劳动合同，表明双方建立了正式的雇佣关系，退休人员的工作性质等同于在职员工。在这种情况下，企业支付给退休人员的报酬应视为工资薪金所得，并应按照工资薪金所得代扣代缴个人所得税。

如果企业和退休人员签订的是劳务合同，表明双方是服务提供与接受的关系，退休人员的工作性质类似于自由职业者或临时工。在这种情况下，企业支付给退休人员的报酬应视为劳务报酬所得，并应按照劳务报酬所得的个人所得税规定进行代扣代缴。

退休人员在任职时取得的收入，支付单位按工资薪金所得代扣代缴个人所得税，通常需要满足以下条件。[8]

• 退休人员与用人单位之间必须存在实际的任职受雇关系，并签订了劳动合同。

• 合同期限通常要求一年以上，以表明双方存在长期的合作关系。

• 退休人员即使在因事假、病假、休假等原因不能正常出勤时，也应保证能够获得固定或基本的工资收入。

• 退休人员应当享受与单位其他正式职工同等的福利、培训及其他待遇。

• 退休人员的职务晋升、职称评定等工作应由用人单位负责组织，表明其在单位中的正式职务地位。

在满足上述条件的情况下，退休人员在任职时取得的收入，可以按照工资薪金所得项目计征个人所得税。

工资薪金所得通常具有连续性和稳定性，与个人和用人单位之间的劳动合同或协议相关联；劳务报酬所得可能是一次性的，也可能是一系列相关的独立事件。

作者说：退休人员返聘是否需要缴纳社保

退休返聘人员是否需要企业为其缴纳社保，取决于当地的社会保险政策和退休返聘人员的个人情况。

如果退休返聘人员已经达到法定退休年龄，并已经领取了退休金或养老金，说明他们已经在享受社会保险的福利，这时企业可以不用为其缴纳社保，相关法规也没有强制规定其必须参加社保。

如果退休返聘人员的社保缴费年限未满十五年，企业可以不为其缴纳社保，而是由其自行补足剩余的社保费用。当然，企业也可以选择性地为这类退休返聘人员缴纳社保。

19. 缴纳社保需要知道哪些事

随着公司规模逐渐扩大，毕程宫招聘了很多新员工，与他们签署了劳动合同，试用期为三个月。毕程宫承诺新员工只要业务能力过关，都可以转正。

过了两个月，有两名新员工发现公司并未给他们缴纳社保，于是找古智询问原因，谁知古智回应公司没有义务为试用期的员工缴纳社保。这个回复激怒了两人，他们理论一番无果后，选择申请劳动仲裁，要求公司为其补缴社保。

根据仲裁结果，公司不仅为试用期的员工补缴了社保，还受到了相应的处罚，古智也被毕程宫痛骂了一顿。

问题前置：用人单位需要为试用期的新员工缴纳社保

只要在劳动合同成立期间，用人单位就要为员工缴纳社保。试用期限包括在劳动合同期限内，所以用人单位应当给试用期的新员工缴纳社保。用人单位应当自用工之日起三十日内，为其员工向社会保险经办机构申请办理社保登记。

以点带面：哪些员工不需要用人单位为其缴纳社保

按照国家有关规定，所有用人单位和员工都应当参加社保，并按时足额缴纳社保。这是维护员工合法权益、保障员工基本生活的重要措施，不能根据员工或者用人单位意愿而免除，否则将承担相应的法律责任。

但在实务中，并不是所有员工都需要缴纳社保。以下十种人员，用人单位可以不为其缴纳社保，并且合理合法。[9]

1. 返聘退休人员。 返聘的退休人员开始依法享受基本养老保险待遇的，用人单位不需要为其缴纳社保。

2. 实习生。 实习生与第三方学校存在归属关系，用人单位只能与其签订劳务合同或实习协议。因此，用人单位与实习生之间不存在劳动关系，用人单位无需为其缴纳社保。

3. 承包商派遣人员。 在工程项目中，总包方派出的员工已与总包单位签订劳动合同，与分包方不存在劳动关系，因此分包方不需要为其缴纳社保。

4. 协保人员。 协保人员与原单位、再就业服务中心签订了保留社保关系的三方协议，新单位只能与其签订劳务合同，不需要为其缴纳社保。

5. 兼职人员。 兼职人员是指在不脱离本职工作的情况下，利用业余时间从事第二职业，为第三方提供体力或脑力服务的人员。兼职人员有自己的本职工作，签订劳动合同和缴纳社保，均由其本职工作单位办理，和兼职企业无关，因此兼职企业无需为其缴纳社保。

6. 劳务派遣人员。 劳务派遣人员与劳务派遣公司签订合同，由劳务派遣公司缴纳社保，用人单位不需要再为其缴纳社保。

7. 非全日制用工人员。 非全日制用工人员的工作时间灵活，是以小时计薪的。在同一用人单位平均每日工作时长不超过四小时，每周累计不超过二十四小时的人员，用人单位无需为其缴纳社保。

8. 灵活就业人员。 灵活就业人员是指以非全日制、临时性和弹性工作等灵活形式就业的人员。主要有三种：自营劳动者，包括自我雇佣者（自谋职业）和以个人身份从事职业活动的自由职业者等；家庭帮工，即那些帮助家庭成员从事生产经营活动的人；其他灵活就业人员，主要指非全时工、季节工、劳务承包工、劳务派遣工、家庭小时工等一般劳动者。灵活就业人员由个人自行缴纳社保。

9. 停薪留职人员。停薪留职人员是指员工离开用人单位，用人单位保留其身份，依法签订停薪留职协议的人员，停薪留职一般不超过两年。因为停薪留职协议的存在，新用人单位聘用该员工时只能签订劳务合同，因此不需要为其缴纳社保。

10. 个体户外包企业员工。个体户外包企业员工工资由个体工商户承担，社保只能由个体工商户自行缴纳，企业不需要为其缴纳社保。

上述情况可能因地区政策差异而有所不同，企业在处理这些问题时，应遵循当地的社会保险法规，以确保合法合规地处理员工的社保问题。同时，企业也可以通过购买雇主责任保险等方式，降低自身用工风险。

作者说：哪些工资项目不计入社保缴费基数

在计算社保缴费基数时，并不是所有的工资项目都会被计入。根据国家相关规定，以下工资项目通常不计入社保缴费基数。[10]

1. 政府奖金。根据国务院相关规定发放的创造发明奖、国家星火奖、自然科学奖、科学技术进步奖、合理化建议和技术改进奖以及支付给运动员、教练员的奖金等。

2. 有关离休、退休、退职人员待遇的各项支出。

3. 调动工作产生的旅费和安家费中净结余的现金。

4. 差旅补助和其他费用。包括出差交通、住宿、伙食补助费、误餐补助、调动工作的旅费和安家费。

5. 劳动保护的支出。企业为员工提供的劳动保护用品，如工作服、手套等；解毒剂、清凉饮料，以及由劳动保护费开支的保健食品待遇（根据国务院 1963 年 7 月 19 日劳动部等七单位规定的范围对接触有毒物质、矽尘作业、放射线作业、潜水、沉箱作业和高温作业五类工种所享受的劳动保护支出）。

  6. **福利费用**。包括医疗卫生费、员工死亡丧葬费及抚恤费、员工生活困难补助、文体宣传费、集体福利事业设施费和补贴、探亲路费、计划生育补贴、冬季取暖补贴、防暑降温费、婴幼儿补贴（即托儿补助）、独生子女牛奶补贴、独生子女费、"六一"儿童节独生子女补贴、工作服洗补费、献血员营养补助及其他福利费用。

  7. **专门工作报酬**。包括稿费、讲课费及其他专门工作的报酬。

  8. **个人工具和牲畜补偿**。对自带工具、牲畜来企业工作的员工所支付的工具、牲畜等的补偿费用。

  9. **租赁经营风险补偿**。实行租赁经营单位的承租人的风险性补偿收入。

  10. **股票和债券收益**。对购买本企业股票和债券的员工所支付的股息和利息。

  11. **解除劳动合同补偿**。劳动合同制员工解除劳动合同时，由企业支付的医疗补助费、生活补助费及一次性支付给员工的经济补偿金。

  12. **临时工手续费和管理费**。因录用临时工而在工资以外向提供劳动力单位支付的手续费和管理费。

  13. **家庭工人加工费和发包费用**。支付给家庭工人的加工费和按加工订货办法支付给承包单位的发包费用。

  14. **社会保险和住房公积金**。企业为员工缴纳的社会保险和住房公积金。

  15. **企业年金和补充医疗保险**。按照国家政策为员工建立的企业年金和补充医疗保险，其中单位按政策规定比例缴纳部分。

  16. 支付给参加企业劳动的在校学生的补贴。

  17. 支付给从保安公司招用的人员的补贴。

20. 企业聘用残疾人会享受哪些优惠政策

毕程宫有一家身份为一般纳税人的公司，这家公司今年毛利率很高，进销差价较大，造成增值税税负率很高。毕程宫找来古智，让她去了解相关税收政策，想办法降低增值税税负。

古智了解到公司聘用残疾人可以享受增值税退税优惠政策，于是便建议毕程宫聘用一些残疾人，这样可以解决公司增值税税负过重的问题。毕程宫觉得这个办法不错，既为公司解决了税负高的问题，又帮助了残疾人，也算是为社会做了贡献。没过多久，他就招聘到了三位残疾人。

没想到月底时，古智找到毕程宫支支吾吾地表示，公司虽然聘用了残疾人，但是不符合相关退税条件，所以不能减轻增值税的税负。毕程宫对此十分无奈……

问题前置：残疾人增值税即征即退优惠政策是有条件限制的

残疾人增值税即征即退优惠政策[①]需要满足以下几个条件。

1. 纳税信用等级。纳税人中纳税信用等级为税务机关评定的 C 级或 D 级的，不得享受该政策。

2. 劳动合同。依法与安置的每位残疾人签订了一年以上（含一年）的劳动合同或服务协议。

3. 社会保险。为安置的每位残疾人按月足额缴纳了基本养老保险、基本医疗保险、失业保险、工伤保险和生育保险等社会保险。

4. 工资发放。通过银行等金融机构向安置的每位残疾人按月支付了不低于纳税人所在区县适用的经省人民政府批准的月最低工资标准的工资。

[①] 即《财政部 国家税务总局关于促进残疾人就业增值税优惠政策的通知》（财税〔2016〕52号），对促进残疾人就业的增值税政策进行了调整和完善。

5. 残疾人比例及人数。 纳税人（除盲人按摩机构外）月安置的残疾人占在职职工人数的比例不低于25%（含25%），并且安置的残疾人人数不少于10人（含10人）；盲人按摩机构月安置的残疾人占在职职工人数的比例不低于25%（含25%），并且安置的残疾人人数不少于5人（含5人）。

上面这个政策仅适用于生产销售货物、提供加工和修理修配劳务、提供营改增现代服务和生活服务税目（不含文化体育服务和娱乐服务）范围的服务取得的收入之和，占其增值税收入的比例达到50%的纳税人。但这个政策不适用于上述纳税人直接销售外购货物（包括商品批发和零售）以及销售委托加工的货物取得的收入。

纳税人应当分别核算上述享受税收优惠政策和不得享受税收优惠政策业务的销售额，不能分别核算的，不得享受本通知规定的优惠政策。

如果既适用促进残疾人就业增值税优惠政策，又适用重点群体、退役士兵、随军家属、军转干部等支持就业的增值税优惠政策的，纳税人可自行选择适用的优惠政策，但不能累加执行。一经选定，三十六个月内不得变更。

以点带面：企业安置残疾人就业的其他优惠政策[11]

1. 企业安置残疾人所支付的工资，可以在计算应纳税所得额时加计扣除。

根据相关政策法规，企业支付给残疾人职工的工资在进行企业所得税预缴申报时，允许据实计算扣除；在年终进行企业所得税年度申报和汇算清缴时，可以按照支付给残疾人职工工资的100%加计扣除。

受安置残疾人职工工资100%加计扣除应同时具备如下条件：

（1）依法与安置的每位残疾人签订了一年以上（含一年）的劳动合同或服务协议，并且安置的每位残疾人在企业实际上岗工作。

（2）为安置的每位残疾人按月足额缴纳了企业所在区县人民政府根据国家政策规定的基本养老保险、基本医疗保险、失业保险和工伤保险等社会保险。

（3）定期通过银行等金融机构向安置的每位残疾人实际支付了不低于企业所在区县适用的经省级人民政府批准的最低工资标准的工资。

（4）具备安置残疾人上岗工作的基本设施。

2. 企业安置残疾人的，对残疾人就业保障金实行分档减缴。

（1）残疾人就业保障金征收标准上限，按照当地社会平均工资两倍执行。当地社会平均工资按照所在地城镇非私营单位就业人员平均工资和城镇私营单位就业人员平均工资加权计算。

（2）用人单位依法以劳务派遣方式接受残疾人在本单位就业的，由派遣单位和接受单位协商一致后，通过签订协议的方式，将残疾人就业人数计入其中一方的实际安排残疾人就业人数和在职职工人数中，不得重复计算。

（3）自2020年1月1日起至2027年12月31日，对残疾人就业保障金实行分档减缴政策。其中：用人单位安排残疾人就业比例达到1%（含）以上，但未达到所在地省、自治区、直辖市人民政府规定比例的，按规定应缴费额的50%缴纳残疾人就业保障金；用人单位安排残疾人就业比例在1%以下的，按规定应缴费额的90%缴纳残疾人就业保障金。

（4）自2020年1月1日起至2027年12月31日，在职职工人数在30人（含）以下的企业，暂免征收残疾人就业保障金。

3. 安置残疾人就业单位可享受减征或免征城镇土地使用税。

在一个纳税年度内月平均实际安置残疾人就业人数占单位在职职工总数的比例高于25%（含25%），且实际安置残疾人人数高于10人(含10人)的单位，可减征或免征该年度城镇土地使用税。具体减免税比例及管理办法，由所在地省、自治区、直辖市财税主管部门确定。

作者说：残疾人就业保障金如何计算

残疾人就业保障金由上年用人单位安排残疾人就业未达到规定比例的

差额人数和本单位在职职工年平均工资相乘得出。计算公式为：残疾人就业保障金年缴纳额＝（上年用人单位在职职工人数×所在地省、自治区、直辖市人民政府规定的安排残疾人就业比例－上年用人单位实际安排残疾人就业人数）×上年用人单位在职职工年平均工资。

例如：甲公司 2024 年在职职工 100 人，年平均工资 80,000 元，本省规定的安排残疾人就业比例为 1.5%，实际安排残疾人就业人数为 0 人。那么，甲公司 2025 年应申报缴纳残疾人就业保障金 =（100×1.5%－0）× 80,000 = 120,000（元）。

甲公司 2024 年在职职工 100 人，如果招聘了 2 名残疾人，残疾人就业保障金人数比例为 2%（大于 1.5%），那么 2025 年甲公司就可以免交残疾人就业保障金了。

21. 灵活用工平台的底层逻辑

毕程宫近期接到很多灵活用工平台打来的电话，表示可以给公司解决社保和个人所得税问题。毕程宫对此半信半疑，赶紧上网查询，确实搜索到了灵活用工平台帮助公司解决问题的案例。正好公司与一些员工签订的是劳务合同，员工总是抱怨预扣预缴的个人所得税太高，如果公司能与灵活用工平台合作，既可以解决这方面的矛盾，灵活用工平台还可以给公司开具发票，简直两全其美。

于是毕程宫赶紧找到古智，表示想要与灵活用工平台进行合作。古智却建议他不要轻易与这些平台合作，因为这些平台大多不靠谱，存在一定风险。这话让毕程宫很不开心，他指责古智不但不解决问题，还想拖公司后腿。古智满脸委屈，只好赶快查询灵活用工平台的相关信息……

第 3 章 企业各类人员的薪酬安排

💰 问题前置：灵活用工平台具有两面性

灵活用工平台作为一种新型的劳动力配置方式，存在许多积极的方面。比如，提高劳动力效率，快速匹配合适的劳动力资源，降低企业的劳动力成本；促进劳动力市场的发展，为求职者提供更多的就业机会和选择；增加劳动力市场的流动性，优化人才的流动和配置。此外，灵活用工平台能使企业更好地应对市场变化，快速调整用工数量和类型，提高自身市场竞争力。

但灵活用工平台也有一定的风险性。随着"灵活用工"模式的兴起，某些企业试图利用这种模式来规避员工社保和个税的缴纳责任，给员工带来很多麻烦，甚至会触及法律问题。这些企业通过与灵活用工平台合作，将原本的正式员工转变为临时工，甚至诱导已经与企业建立劳动关系的员工注册为个体工商户，以此来规避法律规定的税收和社保责任。

💰 以点带面：灵活用工平台的特点和运作方式

灵活用工与传统的固定岗位、全职工作模式不同，更加注重工作的效率、灵活性和成本效益。总的来说，灵活用工平台具有三大特点。

1. 自带生产工具和承担经营成本。灵活用工的个人或机构通常自带生产工具或专业技能，如自由职业者会自带电脑和工作软件，按照项目或任务的要求提供服务，并承担完成工作所需的大部分成本。

2. 通过平台获取需求。灵活用工的个体或机构通过各种在线平台获取企业或个人的用工需求，提供相应的服务。这种方式提高了劳动力的利用效率，同时也为用工方提供了更加灵活和多样化的选择。

3. 明确交付效果，获得经营收入。灵活用工的收入通常不是与固定的月薪，而是与工作的成果或交付的效果紧密相关。核定征收个人所得税，可以为企业提供更加灵活的、成本效益更高的用工方式。

灵活用工平台在运作过程中，通过外包和分包的方式重构了交易结构，使得用工双方能够更加灵活地合作。平台向企业开具增值税专用发票，同时对用工人员代扣代缴所得税。

作者说：灵活用工可能面临的风险

随着科技的进步和经济的发展，灵活用工平台迅速崛起，成为现代劳动力市场中不可或缺的一部分。企业或个人通过平台发布用工需求，劳动者根据需求进行灵活的工作安排。然而，这种用工模式在带来诸多便利的同时，也伴随着一系列潜在的风险。

1. 非法交易洗钱风险。灵活用工平台的灵活性和便利性，使得其容易被不法分子利用，进行非法交易洗钱活动。这些不法分子可能通过虚构工作任务、伪造交易记录等手段，将非法所得的资金通过平台流转，以掩盖其真实来源和性质。

2. 税务合规风险。在委托代征模式下，平台需要代为征收和缴纳相关税费。但由于税务政策的复杂性和变化性，平台在税务处理过程中可能存在合规风险。例如，平台可能因为对税收政策理解不透彻或操作不当，导致税务违规，进而面临税务处罚。

3. 信息安全风险。灵活用工平台涉及大量的个人信息和交易数据，这些信息的泄露或滥用有可能给用户带来严重的损失。在委托代征模式下，平台需要处理更多的敏感信息，如用户的银行账户、税务信息等，这使得信息安全风险更加突出。

4. 法律合规风险。灵活用工涉及不同形式的劳动关系，如临时工、兼职工、外包工、合同工等，这些关系在法律上的界定相对模糊，容易引发法律纠纷。此外，企业在使用灵活用工平台时还需遵守当地的劳动法律法规，包括合同签订、薪酬支付、社会保险等方面的合规性。若企业未能妥善处理这些问题，可能会面临法律诉讼、经济赔偿等风险。

5. 员工的稳定性与忠诚度风险。 灵活用工的短期性、临时性等特点使得员工流动性较高，这在一定程度上会影响员工的工作质量和稳定性。同时，属于灵活用工的员工往往缺乏长期稳定的职业发展空间和福利保障，他们对企业的忠诚度相对较低，这可能导致企业在关键时期面临员工流失的风险。

企业应充分了解这些风险并采取相应的应对策略，确保在用工过程中稳健、高效地应对各种挑战。

Part 2
财税管理

财税管理在企业经营中无疑占据着举足轻重的地位。也不乏众多企业的前车之鉴，值得我们深入学习和严肃对待。

　　这些企业之所以黯然失色，甚至一蹶不振，往往是因为对财税知识存在忽视和误解。尽管有些企业对财税知识有所涉猎，但若是选择走捷径、冒险行事，无疑会埋下隐患。这些隐患就如同定时炸弹，随时可能引爆，给企业的稳健发展带来无法预料的冲击。因此，企业应高度重视财税管理，以合法合规为前提，稳健经营，这样才能行稳致远。

　　在这一部分中，我们将引导读者轻松驾驭财税知识的核心要领，并深入理解财务报表的奥秘。熟悉并掌握财税知识，不仅能让读者洞悉企业的财务状况，更能帮助读者精准把握企业发展的脉络，确保企业在竞争激烈的市场中稳健前行，迈向更加辉煌的未来。

第 4 章

读懂常用财务报表

22. 如何理解常用财务报表

古智在每个季度结束时都会把常用的几种财务报表交给毕程宫审阅。这个季度利润报表中的利润数据尤为可观，令毕程宫倍感欣慰。他打算用这些钱来购置一些设备，却发现公司账户里没有那么多钱，与他看到的利润报表数据大相径庭。

面对这种情况，毕程宫困惑不已，他马上找古智询问资金的去向。面对毕程宫的质问，古智却支支吾吾，无法给出一个明确的解释。

💰 问题前置：利润多少和企业有没有钱没有直接关系

很多老板和财务人员在判断企业有没有钱时，往往只看利润表里的净利润，认为利润越多，企业越有钱。但其实，利润多少和企业有没有钱完全是两码事。

企业的利润是基于权责发生制核算的账面收益，并不是以现金的收付作为标准形成的企业现金实有数额，因此企业有利润却没钱的情况普遍存在。

💰 以点带面：资产负债表、利润表和现金流量表分别代表什么

资产负债表是财务报表的基础。资产负债表就好比人体的骨骼。骨骼并非越大越好，最重要的是要强健。因此企业不能一味追求资产规模的扩充，而应当提高资产质量。想要资产负债表质量高，绝对不能华而不实，否则会导致企业"骨质疏松"。

与骨骼相对应，利润表就好比是人体的肌肉。肌肉需要有力，既要有

冲击力和爆发力，还要有持久力和耐力。利润表最怕"虚胖"，"虚胖"的利润表不利于企业健康发展，甚至还会引发不同"病症"。很多企业的销售收入多，但利润微乎其微，甚至出现了亏损。一旦经济形势发生巨大变化，企业就容易处于入不敷出的危机中。因此，利润表要剔除"脂肪"，避免"虚胖"。

有了强健的骨骼和有力的肌肉，人体还得拥有健康的血液。维持生命的关键是保持血液的流动，而现金流量表就好比是人体内流动的血液。现金流量表是检验和分析企业"血液流动"和"血液质量"的重要报表。分析解读现金流量表，可以让管理者和投资者了解企业"造血机制"的运行情况、企业"体外输血机制"的运行情况、企业"放血机制"的运行情况，从而避免"供血不足"或者"造血机能障碍"等问题。

资产负债表、利润表和现金流量表好比企业的三维透视图，通过不同的视角来探究企业各个方面的情况，最终帮助企业管理者洞察发展契机、定位问题所在、寻求完善之道。

作者说：财务报表的作用

财务报表是财务报告的主要组成部分，其中的会计信息对企业来说具有重要作用，主要体现在以下几个方面。

1. 决策支持。财务报表为企业的管理者、投资者、债权人等提供了决策所需的重要信息。通过财务报表，可以了解企业的经营状况、盈利能力、资产负债结构等，从而帮助他们做出更为明智的决策。

2. 监控企业经营。财务报表可以帮助企业管理者监控企业的经营情况，通过比较不同时段的数据来评估经营策略的有效性，并及时调整经营计划。

3. 揭示风险。财务报表通过揭示企业的财务状况和经营成果，可以帮助企业发现潜在的风险，如资金链断裂、盈利能力下降等，从而提前采取措施。

4. 提高透明度。财务报表的编制和披露可以提高企业运营的透明度，增强外部利益相关者对企业的信任度。特别是对上市公司来说，公开财务报表更是法律规定的要求。

5. 税务申报。财务报表是企业进行税务申报的基础。税务机关通过财务报表了解企业的收入、成本和费用等情况，依据这些信息进行税收征管。

6. 历史记录。财务报表为企业提供了一段时间内的经济活动记录，有助于企业了解自己的发展轨迹，也为未来的战略规划提供数据支持。

财务报表是企业与外部利益相关者沟通的重要工具，反映了企业的经济实力和经营成果，更成为企业内部管理和决策的重要依据。

23. 如何解读资产负债表

毕程宫以前对财务报表并不重视，他根本没有仔细看过古智每个季度交给他的财务报表。但经营公司一段时间后，他发现"业财融合"非常重要，便开始对财务报表重视起来。

到这个季度末时，古智同往常一样将财务报表交给毕程宫查看。毕程宫拿到后，打算仔细地读一遍。当看到资产负债表时，其中的折旧项目令他十分费解：当初买设备的时候钱已经花过了，为什么还要算折旧费？这不是重复的支出吗？毕程宫赶紧喊来古智，让她解释一下折旧项目是什么。

● 问题前置：老板不懂会计上的权责发生制是什么

毕程宫的疑问其实是不懂会计上的权责发生制造成的。企业花钱买设备，就会产生现金流量支出，是用收付实现制核算的；而对固定资产计提折旧，用的是权责发生制。权责发生制只涉及账务处理，没有再次花钱，所以也就不涉及重复支出的问题。

以点带面：资产负债表的逻辑结构和作用

资产负债表也称财务状况表，相当于企业在特定时间点的财务快照，揭示了企业这段时间内的财务状况和经营成果。资产负债表的逻辑结构基于会计的基本公式：资产 = 负债 + 所有者权益。这个公式表明企业的资产来源于两个方面：一个是所有者投入的资本，另一个是企业通过负债筹集的资金。

根据上面的公式，资产负债表可以分为资产、负债和所有者权益这三大类内容。

1. 资产是企业在某一特定时间点拥有的经济资源，包括流动资产和非流动资产。流动资产是指企业在一年内或者超过一年的一个营业周期内可以转换为现金或用于正常经营活动的资产，如现金、应收账款、存货等。非流动资产是指企业用于长期经营的资产，其预期的使用寿命会超过一年，如长期股权投资、固定资产、无形资产等。

资产是企业拥有或控制的、能够带来经济利益的资源，其总额和构成直接体现了企业的经济实力。通过资产负债表，可以清晰地看到企业的应收账款、长期股权投资、固定资产等各项资产的情况，从而对企业的经济实力有一个全面的了解。

2. 负债是企业未来需要偿还的债务，包括流动负债和非流动负债。流动负债是指企业在一年内或者超过一年的一个营业周期内需要偿还的债务，如应付账款、短期借款、应付工资等。非流动负债是指企业在长期内（通常超过一年）需要偿还的债务，如长期借款、长期应付款等。

负债是企业为了筹集资金而承担的债务，其总额和构成直接反映了企业的债务风险。通过资产负债表，可以了解企业的应收账款、长期借款等各项负债情况，从而评估企业的债务风险。同时，通过计算资产负债率、流动比率等财务指标，可以更深入地了解企业的债务风险状况。

3. 所有者权益是企业所有者对企业资产的权益。所有者权益等于企业的资产减去负债，主要包括投入资本、盈余公积、未分配利润等。

所有者权益是企业资产扣除负债后的剩余权益，体现了企业所有者对企业资产的拥有权。通过资产负债表，可以了解企业的实收资本、资本公积、盈余公积等各项数据，从而评估企业的所有者权益状况。同时，通过比较不同时期的所有者权益变化，可以了解企业的盈利能力和发展潜力。

通过对资产负债表的深入分析，管理者可以了解企业的经济实力、债务风险和所有者权益状况，从而制定更加科学合理的经营策略。例如，在投资决策方面，管理者可以根据企业的资产结构和负债状况，选择合适的投资项目和投资方式；在融资决策方面，管理者可以根据企业的债务风险和所有者权益状况，选择合适的融资方式和融资渠道。

资产负债表也是企业与外部利益相关者沟通的重要工具。通过资产负债表，外部利益相关者可以了解企业的经济实力、债务风险和所有者权益状况，从而评估企业的投资价值和风险水平。这有助于企业与外部利益相关者建立良好的沟通关系，增强企业的市场形象和信誉度。

作者说：如何理解资产负债表

大部分企业管理者接触财务都是从资产负债表开始的，但资产负债表的内容不是几句话就能说清楚的。如果把资产负债表完整地解释一遍，不仅耗时耗力，还不容易理解。所以这里只举一个例子，帮助大家更好地理解资产负债表。

张三大学毕业后开了一家果汁店。张三本身有 10,000 元的积蓄，同时向父母借了 20,000 元开店。他购买榨汁机花了 5,000 元，购买新鲜水果花了 2,000 元。根据上面的信息，张三的第一张资产负债表就可以列出来了（见表4–1）。

表 4-1　张三的资产负债表

资产	金额（元）	负债和所有者权益	金额（元）
货币资金	23,000	其他应付款（父母）	20,000
存货（水果）	2,000		
固定资产（榨汁机）	5,000	实收资本（张三）	10,000
资产合计	30,000	负债和所有者权益合计	30,000

从资产负债表中，我们可以直观地看到每一个项目和前述经营行为之间的关系。资产负债表用数字化、结构化的语言表达了资金的来源和去向，其中，负债和所有者权益代表着资金的来源；资产则代表着资金的去向，或者说资金的占用情况。

因为企业资产负债表的生成基于借贷记账法的"有借必有贷，借贷必相等"规则，所以资产等于负债和所有者权益之和，这个公式是不会发生变化的。

24. 如何解读利润表

毕程宫最近在学习如何读懂财务报表。通过几天的研究，他觉得这些报表不是特别难理解，自己已经可以读懂了。于是，他信心满满地打开了公司这个季度的财务报表，马上发现利润表上的利润金额和他想的有出入。

毕程宫一个数一个数地查看，收入和成本金额都没什么问题，按理说公司目前所售产品的毛利不低，为什么利润总额却很少呢？而且管理费用的金额为什么会这么多呢？这些管理费用到底是指哪方面的支出呢？

苦思无果后，毕程宫只能叫来古智询问。对此古智的答复是，管理费用主要是固定资产的折旧费用，这使毕程宫更加困惑了。

问题前置：利润表的编制基于权责发生制

利润表基于权责发生制。权责发生制也称为应计制或应收应付制，是一种常用会计原则，要求收入和费用的确认以权利和义务的发生为基础，即无论现金是否收付，都应按照交易的实际发生情况在账面上进行记录。

这就意味着，即使企业现金尚未收到或支付，只要交易已经发生并且产生了相应的权利和义务，就应当在会计记录中反映出来。

以点带面：利润表的结构及计算公式

利润表也称损益表，是企业财务报表的关键组成部分，它依据"收入－费用＝利润"的平衡原则来编制，用以展示企业在一定会计期间的经营成果。

根据上面的公式，利润表主要反映了企业的营业收入减去营业支出之后的净收益情况。如果收入大于支出，则产生正利润，表明企业实现盈利；反之则出现负利润，表明企业发生亏损。

利润表的内容主要涵盖两个方面：一是企业的收入与成本费用，这反映了企业在一定时期内实现的利润或发生的亏损；二是企业的财务成果，它说明了企业利润来源的经济效益和盈利能力。

从结构上看，利润表通常分为四个层次：营业收入、营业利润、利润总额和净利润。阅读利润表时，我们可以自下而上进行分析，先看净利润，然后逐步向前追溯，最后看营业收入。

营业利润的计算公式是：营业利润＝营业收入（主营业务收入＋其他业务收入）－营业成本（主营业务成本＋其他业务成本）－税金及附加－管理费用－销售费用－财务费用－资产减值损失－信用减值损失＋公允价值变动损益（损失为负）＋投资收益（损失为负）＋资产处置收益（损失为负）＋其他收益。

之后，我们就能根据营业利润算出利润总额和净利润，公式分别是：利润总额 = 营业利润 + 营业外收入 – 营业外支出；净利润 = 利润总额 – 所得税费用。

作者说：如何理解利润表

这里接着前文张三的故事，再举个例子进行说明。

开业之后，张三的果汁店生意越做越好。张三除了想知道自己赚了多少钱外，还想知道自己是怎么赚到钱的。于是，张三找人帮忙做了一张这个月果汁店的利润表。利润表里张三最关注的就是收入，这是果汁店能够维持下去的基础，也是获得利润的来源。

张三这个月卖出去 500 杯果汁，总收入为 10,000 元，这就是营业收入。而采购的水果等物料就是成本。张三盘算了一下水果等物料的库存，算出了当月使用量。假定张三的营业成本是 3,000 元，则毛利润 = 10,000 – 3,000 = 7,000（元）。

利润表中的支出被定义为两个部分：一部分是成本支出，一部分是费用。张三每个月的房租是 1,000 元，水电费是 200 元，给自己发的工资是 4,000 元。那么，张三的营业利润 = 毛利润 – 费用 = 7,000 – 1,000 – 200 – 4,000 = 1,800（元）。之后把 1,800 元的营业利润扣除企业所得税，得到的才是果汁店的净利润。

通过上面的案例我们发现，利润表可以帮助我们了解企业是赚钱了还是赔钱了，赚了多少，赔了多少。但是，仅依据净利润的多寡来断定企业的盈利能力和现金流状况是片面且不准确的。事实上，净利润多并不等于企业真正赚到了很多钱，更不意味着企业手头就拥有了充足的现金。所以，我们还需要读懂另一张表——现金流量表。

25. 如何解读现金流量表

毕程宫自从开始认真查看财务报表后,发现这些报表确实能反映公司的不少问题。在这些报表中,他尤其看重的是现金流量表。

毕程宫在查看公司这个季度的现金流量表时,投资活动现金净流量引起了他的注意。他发现投资活动现金净流量为负数,可是公司近期并没有投资项目,为什么会有这项数据呢?他再仔细一看,发现是"购建固定资产、无形资产和其他非流动资产支付的现金"这一栏里出现了 –500,000 元的金额。这个季度公司确实购买了固定资产,但毕程宫不理解购买固定资产为什么算是投资。一定是古智填错报表了!

问题前置:购建固定资产属于投资活动,不属于经营活动

购建固定资产属于投资活动,而不是经营活动。投资活动涉及企业对长期资产的购买和建设,这些资产预期将会为企业带来经济利益,并且使用周期通常超过一年。

在企业的现金流量表中,投资活动通常包括购买或出售长期资产、投资其他企业以及购买或出售证券等。其中,购建固定资产是现金流量表中投资活动的一个重要组成部分,它反映了企业为扩大生产能力、提高生产效率或满足其他长期经营需求而进行的资本性支出。

以点带面:现金流量表的结构及相关分析

企业的现金流量表是由经营活动、投资活动和筹资活动三部分构成的,通过分析现金流量表及其结构,我们可以深入了解企业现金的来源和去向,评估企业的经营状况、盈利能力、筹资能力和资金实力。

1. **经营活动产生的现金流量分析**。把销售商品和提供劳务收到的现金、购进商品和接受劳务付出的现金进行比较，可以反映企业销售回款情况和利润水平；把销售商品和提供劳务收到的现金、经营活动流入的现金总额进行比较，可以反映企业主营业务对现金流入的贡献程度；把本期经营活动现金净流量与上期数据进行比较，可以反映企业的成长情况。

2. **投资活动产生的现金流量分析**。投资活动的现金流出通常与企业的扩张计划或新利润增长点的开发相关，短期内可能导致现金净流量为负，但若投资有效，未来将给企业带来现金净流入；分析投资活动现金流量时，应考虑企业的投资项目情况，不能仅以现金净流入或净流出来判断优劣。

3. **筹资活动产生的现金流量分析**。筹资活动产生的现金净流量较大时，企业可能面临较大的偿债压力。但如果这笔现金净流量主要来自权益性资本的吸收，则可以增强企业的资金实力和降低财务风险；吸收权益性资本收到的现金与筹资活动现金总流入的比较，可以反映企业资金实力的增强程度和财务风险的降低情况。

通过对企业现金流量表结构的解读和相关分析，我们可以全面了解企业的财务状况和经营效果，为企业的决策提供有力的支持。

作者说：现金流量表可以验证利润表的质量

利润被看成是评价企业经营业绩及盈利能力的重要指标，但存在一定的缺陷。利润表是基于权责发生制编制的，要求收入和费用应当在发生的期间内予以确认，而不一定与现金的实际流入和流出完全一致。这种会计处理方法引入了一定的主观判断和估计，如收入实现原则、费用配比原则等，这些都可能影响利润表反映企业真实财务状况的准确性。

现金流量表则是基于收付实现制编制的，它记录了企业在一定会计期间内实际收付的现金情况。因此，现金流量表提供了一个不同于利润表的视角，可以帮助企业验证利润表的真实性。

1. 现金流量表中的经营活动现金流量可以直观反映企业现金收入和支出的实际情况。与利润表上的营业收入相比，经营活动现金流量更能说明企业的主营业务是否真的产生了现金流入。如果利润表上的营业收入很高，但现金流量表上的经营活动现金流量很低或是负数，就表明企业的收入确认可能存在问题，或者收款效率不高。

2. 现金流量表可以帮助识别利润表上可能存在的盈余管理行为。企业通过调整收入和费用的确认时间来影响利润，但这种调整不会影响现金流量。因此，如果利润表上的利润增长，而现金流量表上的现金流量没有相应增长，这可能表明企业存在提前确认收入或延迟确认费用的行为。

3. 现金流量表中的投资活动和筹资活动现金流量可以揭示企业资产和负债变动的现金原因。例如，企业在利润表上显示出较高的利润，但由于大量的资本支出或债务偿还，其现金流量可能并不理想。这时企业的财务状况并不像利润表显示的那样健康。

4. 现金流量表中的自由现金流（经营活动现金流量减去资本支出）是一个重要的财务指标。它反映了企业经营活动产生的现金在扣除必要的投资后的剩余金额，这是企业用于偿还债务、分红或再投资的现金。自由现金流可以验证利润表上的利润质量情况，因为它展示了企业是否有足够的现金来支持其长期的财务需求。

现金流量表通过提供企业现金流入和流出的详细信息，为验证利润表的真实性提供了重要的补充条件。综合分析利润表和现金流量表，我们可以更全面、准确地评价企业的经营业绩情况和盈利能力。

26. 财务报表之间的钩稽关系是什么

毕程宫的公司近期正在准备投标一个项目，所有人都在夜以继日地努力工作，提早准备材料，希望能够顺利中标。在准备财务数据时，毕程宫特意叮嘱古智说："咱们公司银行存款账上的金额太少，对方公司比较看重这一点，你记着适当调整一下相关数据。"

为了顺利中标，古智将资产负债表里银行存款栏的数据进行了改动。毕程宫以为这次投标一定十拿九稳了，但项目最终还是花落别家。他一番打听后才得知，因为古智在财务报表上改动了数据，导致资产负债表、利润表和现金流量表的钩稽关系不成立，所以公司才没中标。这真是"聪明反被聪明误"。

问题前置：如何理解各财务报表之间的钩稽关系

资产负债表和现金流量表之间是有钩稽关系的，现金流量表中的期末现金及现金等价物余额在数值上可以与资产负债表中货币资金期末金额相同。

古智更改了资产负债表中的银行存款数据，但是并没有同时改动现金流量表的数据，造成两个报表之间的钩稽关系不成立，很容易就被识别出存在报表造假。

以点带面：财务报表的钩稽关系体现

资产负债表、利润表和现金流量表是理解企业财务状况的关键工具，这三大财务报表之间存在着钩稽关系，这种关系不仅体现在表内，也体现在表间。

表内钩稽关系

1. **资产负债表，资产 = 负债 + 所有者权益**。资产负债表不仅体现了其基本的结构框架，更深刻地揭示了企业财务运作的实质。这一等式指出了企业的资产来源，一方面是由外部债权人提供的负债，即企业通过借款等方式筹集的资金；另一方面则是所有者投入的资本，即企业的自有资本。这两者的总和撑起了企业的资产结构，体现了企业资金运作的完整性和平衡性。

2. 利润表，利润 = 收入 – 费用。利润的数值是评估企业经济效益和财务健康状态的关键依据。这张表不仅直观地反映了企业在此期间的经营成效，更是衡量企业盈利能力的重要指标。

3. 现金流量表，净现金流量 = 现金流入量 – 现金流出量。净现金流量不仅直观反映了企业现金流的净增长或减少情况，更是企业财务状况与运营活动健康度的重要指标。3

表间钩稽关系

资产负债表中的未分配利润期末数 = 资产负债表中未分配利润期初数 + 利润表中的净利润累计数 – 计提公积金、公益金 – 本期分配利润 + 其他转入。这个公式反映了未分配利润在资产负债表和利润表之间的转移。

现金流量表中现金及现金等价物净增加额 = 资产负债表中货币资金期末余额 – 货币资金期初余额（仅代表数值上的计算公式）。这个公式验证了现金流量表中现金净增加额的准确性。

现金流量表中的销售商品及提供劳务收到的现金 = 利润表中营业收入 – 资产负债表中的应收账款（票据）增加额 + 预收账款增加额。这个公式揭示了营业收入与实际收到的现金之间的关联。

资产负债表中货币资金 = 现金流量表中期末现金余额。这个公式确保了资产负债表中货币资金的期末余额与现金流量表中的期末现金余额一致。

作者说：财务报表存在的几种主要钩稽关系

财务报表的钩稽关系是会计人员在信息核对和审计中的重要概念。钩稽关系是可以相互考察、核对的关系，它确保了数据的准确性和完整性。

财务报表的钩稽关系主要有以下几种。

1. 平衡钩稽关系。平衡钩稽关系是指资产负债表的钩稽关系，遵循"资产＝负债＋所有者权益"的基本原则。这一钩稽关系确保了资产负债表的左右两方平衡，反映了企业的资产总是等于其负债加上所有者投入的资本。

2. 对应钩稽关系。对应钩稽关系基于复式记账法的原则，每一笔交易都会在至少两个账户中以相等金额记录，反映资金的来龙去脉。例如，销售商品的收入会在"主营业务收入"账户中记录，同时会在"应收账款"或"银行存款"等账户中以相同金额记录相应的增加。

3. 和差钩稽关系。和差钩稽关系体现在报表中某些项目的和或差上。例如，利润表中的净利润是由营业收入减去各种费用得出的，这里的钩稽关系就是和差关系。

4. 积商钩稽关系。积商钩稽关系体现在报表中某些项目的乘积或商数。例如，在计算资产周转率时，将销售收入与平均总资产进行比较，这里的钩稽关系就是积商关系。

5. 动静钩稽关系。动静钩稽关系涉及动态报表和静态报表之间的联系。动态报表，如现金流量表，反映了一段时间内的现金流入和流出情况；静态报表，如资产负债表，反映了某一时间点的财务状况。两者之间通过特定的钩稽关系相互关联，确保了信息的连续性和一致性。

利用这些钩稽关系，会计人员和审计人员可以检查会计账簿和报表的准确性，最终确保财务信息的可靠性。

27. 什么是杜邦分析法

年终毕程宫的公司召开全体高管工作总结会议，各部门都需要向毕程宫汇报年度工作的落实情况。高梯城总结了这一年的业务状况，分析了来年的市场发展趋势，给出了具体的工作建议，这令毕程宫十分满意。

由于之前没做过财务分析，古智汇报时只是将四个季度的财务报表呈交给毕程宫，甚至连财务分析报告都没有。毕程宫对古智的做法极为不满，每个季度的财务报表他都看过了，上面的数字也很清楚了，再看一遍没有太大意义。于是，他责令古智用杜邦分析法做出一份财务分析报告来。古智对此十分迷茫，不知道从何开始。

问题前置：什么是杜邦分析法

杜邦分析法是利用几种主要的财务比率之间的关系，综合分析企业财务状况的方法。具体来说，它是一种用来评价企业盈利能力和股东权益回报水平，从财务角度评价企业绩效的经典方法。

杜邦分析法的基本思想是将企业净资产收益率逐步分解为多项财务指标乘积，这样有助于深入分析、比较企业的经营业绩情况。因为这种分析方法最早由美国杜邦公司使用，所以被称为杜邦分析法。

以点带面：杜邦分析法的财务指标关系

杜邦分析法是一种常用的财务分析工具，它将净资产收益率分解为几个更小的部分，从而帮助分析者理解哪些因素影响了净资产收益率。这种分析法基于以下几个主要的财务指标关系。

1. 净资产收益率 = 净利润 ÷ 所有者权益。这个比率衡量了所有者投入资本的盈利能力。

2. 净资产收益率 = 资产净利率 × 权益乘数。资产净利率是净利润与总资产的比率，而权益乘数是总资产与所有者权益的比率。这个关系表明净资产收益率可以通过资产净利率和权益乘数的乘积来计算。

3. 资产净利率 = 销售净利率 × 资产周转率。销售净利率是净利润与总收入的比率，资产周转率是总收入与总资产的比率。这个关系揭示了净利润与销售收入、资产使用效率之间的关系。

4. 净资产收益率 = 销售净利率 × 资产周转率 × 权益乘数。这个公式综合了上述几种关系，表明净资产收益率可以通过销售净利率、资产周转率和权益乘数的乘积来计算。

在杜邦分析法的体系里，这四个指标之间的关系如下。

• 净资产收益率是分析的起点和核心，它直接反映了投资者资本的获利能力。

• 权益乘数反映了企业的财务杠杆程度，即企业使用债权人资本的比例。权益乘数越大，企业的负债程度越高。

• 资产净利率反映了企业资产的盈利能力和运营效率。要提高资产净利率，企业需要增加销售收入或减少资产占用。

• 资产周转率揭示了企业资产实现销售收入的能力。在对它进行分析时，需要考虑资产的结构和效率，包括流动资产周转率、存货周转率、应收账款周转率等指标，以确定资产周转率产生变化的原因。

通过对这些指标关系的分析，企业可以识别出影响净资产收益率的关键因素，从而采取有效措施，提高企业整体的财务表现。

作者说：如何通俗易懂地解释杜邦分析法

杜邦分析法作为一种实用的财务分析工具，可以比较准确地评价企业的真实运营情况。看下面这个案例。

假设张三出资 100 万元，同时找李四借了 100 万元，开了一家奶茶店。那么张三出资的 100 万元是所有者权益，找李四借的 100 万元是奶茶店的负债。一年后，奶茶店净赚了 24 万元，这时候奶茶店的净资产收益率就是 24%。

这时张三发现，隔壁的王五奶茶店的净资产收益率为 50%，张三很疑惑：为什么王五会赚得比我多？单看净资产收益率这一个指标，很难分析出准确的原因，这时就要用到杜邦分析法了。根据杜邦分析法的公式算出数据后，就知道王五赚得比张三多的原因。

销售净利率＝净利润÷总收入，指的是每卖出1元的奶茶，张三能赚到的钱数。

资产周转率＝总收入÷总资产，得出的是营运效率。假设两家奶茶店的资产都是200万元，其中王五的总收入为500万元，张三的总收入为300万元，就说明张三的营运效率低一些。

权益乘数＝总资产÷所有者权益，这个指标又叫作杠杆率，反映的是企业负债经营的情况。张三的奶茶店的权益乘数为200/100＝2。

让我们通过上面得出的数据，来分析一下为什么王五的奶茶店开得比张三的好。假设张三的奶茶店的净资产收益率＝10%×1.2×2×100%＝24%，王五的奶茶店的净资产收益率＝20%×0.625×4×100%＝50%。

首先看销售净利率，王五的奶茶店销售净利率是张三的奶茶店的两倍，说明每卖出100元奶茶，张三的奶茶店能赚10元，而王五的奶茶店能赚20元。其次看资产周转率，张三的奶茶店资产周转率比王五的奶茶店低，说明王五的奶茶店营运效率比较好。最后看权益乘数，王五的奶茶店资产来源主要为无息贷款，比张三的奶茶店的杠杆率高。

把这三个指标的数据相乘后，我们可以很明显地看出来，王五的奶茶店净资产收益率比张三的奶茶店净资产收益率高。这就是王五的奶茶店办得更好的原因。

像这样运用杜邦分析法计算出相关数据后，企业决策者就可以更好地优化经营结构和财务管理结构，有效提高企业偿债能力和经营效益。

第5章

通晓三大主要税种

28. 三大主要税种分别指什么

年终各项工作都告一段落后,毕程宫让古智统计一下公司全年缴税的情况。古智很快就将汇总表交给毕程宫,表上分别列明增值税、企业所得税和个人所得税的已交税额。

毕程宫看完增值税和企业所得税的汇总结果后,没有什么异议,但是看到个人所得税时,却产生了疑惑:个人所得税应该由员工个人承担,为什么公司还要缴纳呢?这不是重复纳税了吗?

毕程宫就这个问题请教古智,古智回答:"因为个人所得税是由公司代扣代缴的,所以并没有重复纳税。"

💰 问题前置:企业是个人所得税代扣代缴的义务人

之所以个人所得税的扣缴义务人是企业,是因为税务局管理企业要比管理个人容易,可以大大降低个人所得税的征管成本。

扣缴义务人向个人支付现金、有价证券和货物等时,不论纳税人是否为本企业人员,都应该代扣代缴个人所得税。钱款支付包括汇款支付、现金支付、转账支付,以及以贵重证券、实物等形式支付。

💰 以点带面:企业经营需要了解三大主要税种

企业经营主要涉及增值税、企业所得税和个人所得税三大税种。

增值税是对企业销售商品、提供应税服务或进口货物时增值部分征收的税种。增值税分为一般计税方法和简易计税方法两种,具体适用哪种方法取决于企业的经营性质和销售额。一般计税方法适用于一般纳税人，按照销项税额减去进项税额的方式计算应纳税额。简易计税方法适用于小规模纳税人和部分一般纳税人的特殊行业，按照销售额的一定比例征收税款。

企业所得税是对企业所得利润征收的税种。企业所得税的税率根据企业的所得利润水平不同而有所差异，一般分为基本税率和优惠税率。基本税率适用于一般企业，而优惠税率适用于高新技术企业、小型微利企业等特定类型的企业。

个人所得税是对个人所得征收的税种，但在企业经营过程中，企业需要代扣代缴员工工资薪金所得的个人所得税。个人所得税的税率根据所得水平不同而有所差异，分为超额累进税率和比例税率。目前，个人所得税中的综合所得和个体工商户的生产经营所得适用超额累进税率，其特点是税收负担较为合理，但边际税率和平均税率不一致，税收负担透明度差。利息、股息、红利所得、财产租赁所得等适用比例税率，其特点是计算简单，但可能存在税收负担不公平的问题。

作者说：三大主要税种的特点

1. 增值税的特点。不重复征税，具有中性税收的特征；逐环节征税，最终消费者是全部税款的承担者；税基广阔，具有征收的普遍性和连续性；能够平衡税负，促进公平竞争；既便于对出口商品退税，又可避免对进口商品征税不足等。增值税是以商品或劳务销售额为计税依据并扣除已征税款的一种流转税。

2. 企业所得税的特点。征税范围广，一般以企业净所得为征税对象；税基约束力强，通常各个企业所缴纳的税种是不同的，而企业所得税具有极强的统一性和准确性；纳税人和实际负税人一致，企业所得税无法转嫁，企业收入达到税收标准后企业就应纳税；征收以量能负担为原则，企业应纳税所得额越多，缴纳税额就越多。

3. 个人所得税的特点。 实行分类征收，我国将个人取得的各种所得划分为九类，九类所得分别适用不同的费用减除规定、税率和计税方法；超额累进税率与比例税率并用，分类所得税制一般采用比例税率，综合所得税制通常采用超额累进税率；费用扣除范围较宽，本着费用扣除从宽、从简的原则进行费用扣除；费用扣除采取总额扣除法，免去了对个人实际生活费用支出逐项计算的麻烦，符合税制简便原则；个人所得税的纳税方法采取由支付单位源泉扣缴和纳税人自行申报两种方法。

29. 增值税如何计算

毕程宫的公司需要采购一批货物，他准备安排高梯城去洽谈业务并签署合同。古智提醒高梯城，一定要跟对方在合同中明确开具增值税专用发票。一切都进展得很顺利，当高梯城提出开增值税专用发票的要求时，对方表示自己的纳税身份是小规模纳税人，可以开具征收率为3%的增值税专用发票。

高梯城听完心里有些打鼓，赶忙打电话询问古智：取得征收率为3%的增值税专用发票能抵扣进项税额吗？

问题前置：可以抵扣进项税额的条件

征收率为3%的增值税专用发票可以抵扣进项税额，但是要满足以下条件：一般纳税人收到小规模纳税人开具的增值税专用发票后，需要按照增值税专用发票上注明的税额进行抵扣。

以点带面：对增值税纳税人身份的划分

如前所述，增值税纳税人的身份可以分为一般纳税人和小规模纳税人。增值税纳税人的身份划分标准有两个：一是年应税销售额，二是会计核算水平。年应税销售额超过 500 万元的企业，应当向税务主管部门申请登记为一般纳税人。

作者说：增值税的计税方法

1. 一般纳税人应纳税额的计算。一般纳税人在计算增值税的应纳税额时，需要确定两个关键环节：一个是销项税额的计算，一个是进项税额的抵扣。当期应纳税额＝当期销项税额－当期进项税额，销项税额＝不含税销售额 × 税率＝含税销售额 ÷（1＋税率）× 税率。

2. 小规模纳税人应纳税额的计算。小规模纳税人适用简易计税方法。当期应纳税额＝不含税销售额 × 征收率＝含税销售额 ÷（1＋征收率）× 征收率。

需要注意的是，一般纳税人适用简易计税方法时，其进项税额是不允许进行抵扣的。当税务局发现一般纳税人采用简易计税方法却抵扣了进项税额时，除了要求一般纳税人做进项税额转出外，还会要求一般纳税人补缴税款和缴纳滞纳金。

30. 一般纳税人什么情况下可以选择简易计税方法

毕程宫有一家身份为一般纳税人的电梯销售公司，这家公司除了电梯销售业务外，还提供相应的安装服务，两项业务全部按照适用税率 13% 对外开具发票，但安装部分收入对应的成本都是人工成本，无法取得发票抵扣进项税额，这令毕程宫很苦恼。

毕程宫偶然从同行处了解到安装服务都是单独用 3% 的征收率开具发票的，使用的是简易计税方法。他赶忙询问古智，但是古智十分笃定公司业务属于混合销售，安装服务只能和销售电梯一样使用 13% 的税率开具发票，不能选择简易计税方法。听到古智的回答，毕程宫感到困惑。

问题前置：安装服务可以选择简易计税方法

一般纳税人销售机器设备同时提供安装服务，不管是外购的机器设备还是自产的机器设备，只要是分别核算了机器设备和安装服务的销售额，安装服务就可以按照甲供工程选择适用简易计税方法计税。

以点带面：一般纳税人可以选择简易计税方法的情形

根据相关规定，一般纳税人可以选择简易计税方法的情形分为以下三类。[12]

按照 5% 征收率计税

- 销售、出租 2016 年 4 月 30 日前取得的不动产。
- 房地产开发企业出租、销售自行开发的房地产老项目。
- 2016 年 4 月 30 日前签订的不动产融资租赁合同。
- 以 2016 年 4 月 30 日前取得的不动产提供的融资租赁服务。
- 转让 2016 年 4 月 30 日前取得的土地使用权。
- 提供劳务派遣服务、安全保护服务（含提供武装守护押运服务）选择差额纳税的。
- 收取试点前开工的一级公路、二级公路、桥、闸通行费。
- 提供人力资源外包服务。

• 房地产开发企业中的一般纳税人以围填海方式取得土地并开发的房地产项目，如果围填海工程的《建筑工程施工许可证》或建筑工程承包合同注明的开工日期在 2016 年 4 月 30 日前的，属于房地产老项目。

按照 3% 征收率计税

• 销售自产的用微生物、微生物代谢产物、动物毒素、人或动物的血液或组织制成的生物制品。

• 寄售商店代销寄售物品（包括居民个人寄售的物品在内）。

• 典当业销售死当物品。

• 销售自产的县级及县级以下小型水力发电单位生产的电力。

• 销售自产的自来水。

• 销售自产的建筑用和生产建筑材料所用的砂、土、石料。

• 销售自产的以自己采掘的砂、土、石料或其他矿物连续生产的砖、瓦、石灰（不含黏土实心砖、瓦）。

• 销售自产的商品混凝土（仅限于以水泥为原料生产的水泥混凝土）。

• 单采血浆站销售非临床用人体血液。

• 药品经营企业销售生物制品。

• 兽用药品经营企业销售兽用生物制品。

• 光伏发电项目发电户销售电力产品。

• 销售自己使用过的固定资产（适用简易办法依照 3% 征收率减按 2% 征收增值税政策的，可以放弃减税，按照简易办法依照 3% 征收率缴纳增值税，并可以开具增值税专用发票）。

• 公共交通运输服务。包括轮客渡、公交客运、地铁、城市轻轨、出租车、长途客运、班车。

• 经认定的动漫企业为开发动漫产品提供的服务（包括动漫脚本编撰、形象设计、分镜等），以及在境内转让动漫版权（包括动漫品牌、形象或者内容的授权及再授权）。

- 电影放映服务、仓储服务、装卸搬运服务、收派服务和文化体育服务。其中，文化体育服务包含了纳税人在游览场所经营索道、摆渡车、电瓶车、游船等取得的收入。
- 以纳入营改增试点之日前取得的有形动产为标的物提供的经营租赁服务。
- 纳入营改增试点之日前签订的尚未执行完毕的有形动产租赁合同。
- 公路经营企业收取试点前开工（2016年4月30日前）的高速公路的车辆通行费。
- 中国农业发展银行总行及其各分支机构提供涉农贷款取得的利息收入。
- 农村信用社、村镇银行、农村资金互助社、由银行业机构全资发起设立的贷款公司、法人机构在县（县级市、区、旗）及县以下地区的农村合作银行和农村商业银行提供金融服务收入。
- 对中国农业银行纳入"三农金融事业部"改革试点的各省、自治区、直辖市、计划单列市分行下辖的县域支行和新疆生产建设兵团分行下辖的县域支行（也称县事业部），提供农户贷款、农村企业和农村各类组织贷款取得的利息收入。
- 提供非学历教育服务，或者是提供教育辅助服务。
- 非企业性单位中的一般纳税人提供的研发和技术服务、信息技术服务、鉴证咨询服务，以及销售技术、著作权等无形资产；非企业性单位中的一般纳税人提供技术转让、技术开发和与之相关的技术咨询、技术服务。
- 提供物业管理服务的纳税人向服务接受方收取的自来水水费，以扣除其对外支付的自来水水费后的余额为销售额计算。
- 以清包工方式提供的、为甲供工程提供的、为建筑工程老项目提供的建筑服务（注：均为2016年4月30日前开工的项目）。
- 纳税人销售活动板房、机器设备、钢结构件等自产货物的同时提供建筑、安装服务，应分别核算货物和建筑服务的销售额，分别适用不同的税率或者征收率；安装服务可以按照甲供工程选择适用简易计税方法计税。

• 建筑工程总承包单位为房屋建筑的地基与基础、主体结构提供工程服务，或者是建设单位自行采购全部或部分钢材、混凝土、砌体材料、预制构件。

• 资管产品管理人运营资管产品过程中发生的增值税应税行为，暂适用简易计税方法。

• 自 2018 年 5 月 1 日起，增值税一般纳税人生产销售和批发、零售的抗癌药品。

• 一般纳税人提供的城市电影放映服务，可以按现行政策规定，选择简易计税方法计算缴纳增值税。

• 自 2019 年 3 月 1 日起，增值税一般纳税人生产、销售和批发、零售罕见病药品的。

按照 3% 征收率减按 2% 计税

• 2008 年 12 月 31 日以前未纳入扩大增值税抵扣范围试点的纳税人，销售自己使用过的 2008 年 12 月 31 日以前购进或者自制的固定资产。

• 2008 年 12 月 31 日以前已纳入扩大增值税抵扣范围试点的纳税人，销售自己使用过的在本地区扩大增值税抵扣范围试点以前购进或者自制的固定资产。

• 销售自己使用过的属于《增值税暂行条例》规定不得抵扣且未抵扣进项税额的固定资产。

• 纳税人销售旧货。

• 纳税人购进或者自制固定资产时为小规模纳税人，认定为一般纳税人后销售该固定资产。

• 纳税人发生按照简易办法征收增值税应税行为，销售其按照规定不得抵扣进项税额的固定资产。

• 销售自己使用过的、纳入营改增试点之日前取得的固定资产，按照现行旧货相关增值税政策执行。

作者说：使用简易计税法时的注意事项

当一般纳税人选择简易计税法时，需要注意以下事项。

一般纳税人符合条件后，可以随时选择简易计税法，一经选择，三十六个月内不得变更回一般计税法。

纳税人兼营销售货物、劳务、服务、无形资产或者不动产，适用不同税率或者征收率的，应当分别核算适用不同税率或者征收率的销售额；未分别核算销售额的，从高适用税率。

专用于简易计税方法计税项目的进项税额不得从销项税额中抵扣。

31. 什么是企业所得税纳税调整

毕程宫一年前成立了一家物流公司，由于这一年公司正处于起步阶段，因此花销要比收入多，公司也处于亏损状态。古智在进行汇算清缴时，系统却显示有500多元的企业所得税税额。古智看了看，认为金额不算大，便及时申报缴纳了。

当毕程宫收到缴税的短信时，十分疑惑不解，他第一时间给古智打电话，询问缴纳的是什么税。古智回答是企业所得税，毕程宫更加纳闷了，追问道："公司不是一直处于亏损状态吗，为什么还会缴纳企业所得税呢？"古智说："因为是汇算清缴时系统算出来的税额，所以必须缴纳。"毕程宫心里存疑，打算认真了解一下相关信息。

问题前置：企业所得税汇算清缴需要纳税调整

在进行企业所得税汇算清缴时，按照相关规定，企业要对会计和税法的差异项目在会计利润的基础上进行纳税调整，最终通过确认的应纳税所得额来计算企业所得税。

以点带面：纳税调增和纳税调减是什么意思

纳税调增和纳税调减是指企业在进行企业所得税汇算清缴时，需要在会计准则计算出的结果上，按照税法的规定增加或减少。纳税调增和纳税调减产生的原因是税会差异[①]。比如，会计准则可以扣除的费用，在税法上规定不可以扣除，就需要调整。而税法规定可以扣除的费用，会计准则规定不可以扣除，那么也需要调整。下面举几个例子进行说明。

企业的职工福利费支出是 15 万元，实发工资薪金总额是 100 万元。会计制度规定职工福利费支出是 15 万元，税法规定职工福利费支出可扣除金额不超过工资薪金总额的 14%。算出来的结果是：100×14%=14（万元），小于 15 万元，所以企业需要纳税调增 1 万元。

企业的业务招待费支出是 5 万元，全年收入总额为 100 万元。会计制度规定业务招待费支出是 5 万元，税法规定业务招待费按照发生额的 60% 扣除，但最高不得超过当年营业收入的 0.5%。算出来的结果分别是：5×60%=3（万元），100×0.5%=0.5（万元）。两者中需取低值，由于 0.5 万元小于 5 万元，所以企业需要纳税调增 4.5 万元。

企业取得国债利息 10 万元，会计制度规定利息收入是 10 万元，但税法规定国债利息不计入应纳税所得额，企业需要纳税调减 10 万元。

[①] 税会差异是指税法规定与会计制度之间的差异，这种差异主要体现在企业所得税的计算上。

作者说：企业所得税预缴与汇算清缴、会计利润的关系

企业所得税预缴与汇算清缴的关系

1. **计税期间**。企业所得税的预缴通常是按照季度进行的，而汇算清缴则是以年度为周期。预缴是根据企业每个会计期间的实际利润进行，而汇算清缴则是针对整个纳税年度的累计利润进行总结和计算。

2. **纳税调整**。在预缴过程中，企业通常不需要进行复杂的纳税调整，因为预缴是基于当期的利润进行估算。而在汇算清缴时，企业需要根据税法的规定对全年的收入、支出、折旧、减免等进行全面调整，以确保应纳税所得额的准确性。

3. **税款结算**。汇算清缴的最终结果会与企业在每个月或每个季度预缴的税款进行比较。如果预缴的税款多于应缴的税款，企业可申请退还多缴税款；如果预缴的税款少于应缴的税款，企业则需要补缴差额。

综上所述，预缴是年度税款支付过程中的初步估计和分期支付，而汇算清缴则是对全年税款的最终计算和结算。

企业所得税汇算清缴与会计利润的关系

1. **法律依据**不同。企业所得税汇算清缴执行的是企业所得税相关法规及其实施条例，会计利润执行的是会计制度或会计准则。

2. **计算基础相同，处理方式不同**。企业所得税汇算清缴以会计利润为基础，根据税法的规定，对会计账载收入、成本、费用等进行纳税调整，同时还需考虑弥补亏损、税额优惠等税收政策。

3. **目的和应用不同**。会计利润主要用于反映企业的经营成果和财务状况，为企业的经营管理、投资决策和财务报告提供信息。企业所得税汇算清缴则是为了确保企业按照税法规定准确计算并缴纳应缴的税款。

虽然企业所得税汇算清缴以会计利润为基础，但由于税法和会计准则

在目的、原则和具体规定上的差异，汇算清缴过程中需要进行一系列的纳税调整，以确保企业所得税的计算和缴纳符合税法的要求。

32. 小型微利企业税收优惠临界点是什么

毕程宫近期与朋友聚会时，在业务和财税方面交流了很多心得。其间，他听一位朋友说起自己的企业利润多1万元，税额就会多几十万元，由于这位朋友企业的财务人员不专业，导致企业多缴纳了60万元的税款。毕程宫将此事记在心里，想着回到公司找古智好好了解一下相关信息，避免在这方面吃亏。

古智听到毕程宫的询问，表示自己没有听说过类似的事情，建议毕程宫不要道听途说。毕程宫听后将信将疑，无法判断到底谁说得对。

问题前置：回顾小型微利企业税收优惠政策

小型微利企业的企业所得税优惠政策是，企业应纳税所得额不超过300万元的，实际税负率为5%；应纳税所得额超过300万元的，企业便不再是小型微利企业了，全额适用25%的税率。

以点带面：小型微利企业税收优惠的临界点

按照上面所说的小型微利企业的企业所得税优惠政策，当企业的应纳税所得额超过300万元时，税负就会剧增，税后的利润就会断崖式减少。

当企业所得税应纳税所得额大于300万元，小于等于380万元时，可能会出现下面这种情况：税前利润增加，税后利润反而减少。所以，380万元又称小型微利企业税收优惠的临界点，300万~380万元又称"不划算区间"。

例如，应纳税所得额是 300 万元的，企业所得税是 15 万元，税后利润是 285 万元；应纳税所得额是 301 万元的，企业所得税是 75.25 万元，税后利润是 225.75 万元；应纳税所得额是 380 万元的，企业所得税是 95 万元，税后利润是 285 万元。

作者说：企业应尽量避开"不划算区间"

企业应该合理规划，避开"不划算区间"。

• 提升企业业绩，使应纳税所得额超过 380 万元。当然，实现这一目标的限制条件比较多，企业很难单方面进行控制。

• 企业固定资产一次性税前扣除。企业可以在纳税年度的 11 月前，提前购置固定资产、办公设备等，享受一次性税前扣除，使应纳税所得额低于 300 万元。

• 提高企业成本费用，比如给员工多发奖金等，使应纳税所得额低于 300 万元。

• 享受研发费用加计扣除。企业有研发费用的，可按照实际发生额的 100% 在税前加计扣除，使应纳税所得额低于 300 万元。

• 企业安置残疾人、聘用残疾人的，可以按照实际发放残疾人工资的 100% 在税前加计扣除，使应纳税所得额低于 300 万元。

• 有多家企业同时经营的，可以根据不同业务进行收入拆分，用多家企业分摊应纳税所得额。

33. 哪些项目需要代扣代缴个人所得税

最近几年，越来越多的人开始注重自身健康，全民进入了"大健康"

时代。毕程宫也在不久前成立了一家保健品销售公司。公司前期的准备工作已经基本完成,近期要开展几次产品促销活动,由于公司人手不够,便招聘了一些临时工过来帮忙。

促销活动结束后,公司按合同约定支付给临时工劳务费,此事也就圆满地告一段落了。没想到年终公司做年度税审时,审计人员发现公司并未给这些临时工申报个人所得税,于是要求公司补报税款。毕程宫觉得临时工不是公司的正式员工,发放的也不是工资而是劳务费,不应该由公司申报他们的个人所得税。

问题前置:个人所得税以支付人为扣缴义务人

个人所得税以支付人为扣缴义务人,无论是工资薪金所得还是劳务报酬所得,企业都需要为个人代扣代缴个人所得税,这是企业依法应履行的义务。如果企业未履行代扣代缴个人所得税的义务,那么就要从税款滞纳之日起,每天加收万分之五的滞纳金。

以点带面:哪些所得需要缴纳个人所得税

根据《中华人民共和国个人所得税法》(以下简称《个人所得税法》),以下九类所得需要缴纳个人所得税:工资薪金所得,劳务报酬所得,稿酬所得,特许权使用费所得,经营所得,利息、股息、红利所得,财产租赁所得,财产转让所得,偶然所得。

1. 综合所得。工资薪金所得、劳务报酬所得、稿酬所得、特许权使用费所得为综合所得,由扣缴义务人预扣预缴个人所得税,个人按年度汇算清缴,适用七级超额累进税率(见前文表3-1)。

全年应纳税所得额是指居民个人取得综合所得,以每一纳税年度收入额减除基本扣除费用60,000元以及专项扣除、专项附加扣除和依法确定的其他扣除后的余额。

计算公式为：应纳个人所得税税额＝应纳税所得额 × 适用税率 − 速算扣除数，应纳税所得额＝年度收入额 − 准予扣除额，准予扣除额＝基本扣除费用（60,000 元）+ 专项扣除 + 专项附加扣除 + 依法确定的其他扣除。

2. 经营所得。个体工商户的生产、经营所得和对企事业单位的承包经营、承租经营所得，以及个人独资企业和合伙企业投资者的生产经营所得，均适用五级超额累进税率（见表 5–1）。

表 5–1　五级超额累进税率表（经营所得税适用）

级数	全年应纳税所得额	税率（%）	速算扣除数
1	不超过 30,000 元的	5	0
2	超过 30,000 元至 90,000 元的部分	10	1,500
3	超过 90,000 元至 300,000 元的部分	20	10,500
4	超过 300,000 元至 500,000 元的部分	30	40,500
5	超过 500,000 元的部分	35	65,500

表 5–1 里提到的全年应纳税所得额，是指以每一纳税年度的收入总额减除成本、费用以及损失后的余额。计算公式为：应纳个人所得税税额＝应纳税所得额 × 税率 − 速算扣除数。

3. 其他所得。利息、股息、红利所得，财产租赁所得，财产转让所得，偶然所得等，适用比例税率，税率为 20%。

作者说：个人所得税专项附加扣除有哪些项目

个人所得税专项附加扣除包括七个项目：子女教育、继续教育、大病医疗、住房贷款利息、住房租金、赡养老人、3 岁以下婴幼儿照护。

1. 子女教育。该项的适用情况为子女接受全日制学历教育和学前教育的纳税人，（学前教育指年满 3 岁至小学入学前的教育阶段，全日制学历教育包括小学和初中教育、普通高中／中等职业／技工教育、大学专科／大学本科／硕士研究生／博士研究生）。每个子女每月扣除 2,000 元，可选择父母分别扣 50%，或父母其中一方扣 100%。

2. 继续教育。该项适用情况为接受学历（学位）继续教育的纳税人，包括技能人员职业资格继续教育、专业技术人员职业资格继续教育。学历（学位）继续教育期间每月扣除 400 元（同一学历／学位扣除期限不超过 48 个月）。个人接受本科及以下学历（学位）继续教育，符合规定扣除条件的，可选择本人扣除或其父母扣除；技能人员、专业技术人员取得相关职业资格证书当年可扣除 3,600 元，由本人扣除。

3. 大病医疗。该项的适用情况为与基本医保相关的医药费用，扣除医保报销后，个人负担（指医保目录范围内的自付部分）累计超过 15,000 元的纳税人。每年限额扣除 80,000 元，可由本人或配偶扣除，未成年子女发生的医药费用可以选择由父母一方扣除。

4. 住房贷款利息。该项的适用情况为支付首套住房贷款利息的纳税人。在实际发生贷款利息的年度每月 1,000 元，扣除期限不超过 240 个月。

5. 住房租金。该项的适用情况为在主要工作城市没有自有住房，发生租房租金支出的纳税人。直辖市、省会（首府）城市、计划单列市以及国务院确定的其他城市，每月扣除 1,500 元；市辖区户籍人口超过 100 万的城市，每月扣除 1,100 元；市辖区户籍人口不超过 100 万的城市，每月扣除 800 元。

6. 赡养老人。该项的适用情况为赡养一位及以上被赡养人的纳税人。被赡养人指年满 60 岁的父母，以及子女均已去世的年满 60 岁的祖父母、外祖父母。独生子女每月扣除 3,000 元；非独生子女与兄弟姐妹分摊每月 3,000 元扣除额度，每人每月分摊额度不超过 1,500 元。

7. 3 岁以下婴幼儿照护。该项的适用情况为需要照护 3 岁以下婴幼儿相关支出的纳税人。每个婴幼儿每月扣除 2,000 元，可选择父母分别扣除 50% 或父母一方扣除 100%。

需要注意的是，纳税人及其配偶在一个纳税年度内，不能同时享受住房贷款利息和住房租金专项附加扣除。也就是说，住房贷款利息和住房租金只能二选一。

34. 什么是个人所得税汇算清缴

高梯城做销售工作很多年了，业务精进，经验丰富，每年的工资不断增加，同时每个月需要缴纳的个人所得税也越来越多。

正值个人所得税汇算清缴时期，高梯城与朋友聚餐，正好聊到汇算清缴，高梯城郁闷地跟朋友表示，自己的工资虽然不低，但是每个月都要扣掉不少个人所得税，想想就心疼。朋友询问："你没有专项附加扣除吗？"高梯城根本没听过这个词儿，听完朋友解释后才发现，自己上有老下有小，却从来没有申报过专项附加扣除。朋友提示他说："汇算清缴时你可以填上，系统扣减掉专项附加扣除后，会重新计算个人所得税税额，多缴的部分可以退回。"高梯城感觉自己能拿回不少钱，顿时心情大好。

第二天来到公司，高梯城赶忙找到古智，询问如何填报专项附加扣除，古智的说法却给高梯城泼了一盆冷水。古智表示，专项附加扣除需要在年初填写，现在补填已经来不及了。高梯城的心情顿时跌入谷底，心有不甘的他继续向朋友咨询，得到的答案都是专项附加扣除可以在汇算清缴时填写，于是高梯城又去找古智理论……

问题前置：专项附加扣除可以在汇算清缴时填报

根据国家税务总局相关公告，纳税人未申报扣除项目，或未足额扣除的税前扣除项目，在通过个人所得税 App 进行个人所得税汇算清缴时，可以查看以前申报的数据，并进行补充填写。

以点带面：什么是个人所得税汇算清缴

个人所得税汇算清缴是指上年度个人所得税清算的过程。现行的《个人所得税法》将工资薪金所得、劳务报酬所得、稿酬所得、特许权使用费所得合并为综合所得，个人取得的综合所得需要在次年的3月1日至6月30日办理汇算清缴。

个人所得税采用分月、分次形式进行预缴，预缴时这四项所得需按照各自的预缴率分别预缴税款。年末终了后，将四项所得汇总，减去按税法规定可以扣除的项目，计算出全年应缴纳的个人所得税，再与平时预缴的税款金额进行比较，多退少补。

作者说：什么情形下会退税、什么情形下会补税

在进行个人所得税汇算清缴时，会出现补税或退税的情形。先来看一下个人所得税汇算清缴的具体计算公式：应退或应补税额=[（综合所得收入额－60,000元－"三险一金"等专项扣除－子女教育等专项附加扣除－依法确定的其他扣除－符合条件的公益慈善事业捐赠）× 适用税率－速算扣除数]－已预缴税额。

汇算清缴时会出现退税和补税。其中，有七种比较典型的情形将产生或可能产生退税。

- 年度内综合所得年收入额不足60,000元，但平时预缴过个人所得税。
- 年度内有符合享受条件的专项附加扣除，但预缴税款时没有申报扣除。
- 因年中就业、离职或者部分月份没有收入等原因，减除基本扣除费用60,000元、"三险一金"等专项扣除、子女教育等专项附加扣除、企业（职业）年金以及商业健康保险、税收递延型养老保险等扣除不充分。
- 没有任职受雇单位，仅取得劳务报酬、稿酬、特许权使用费所得，需要通过年度汇算办理各种税前扣除。

- 纳税人取得劳务报酬、稿酬、特许权使用费所得，年度中间适用的预扣率高于全年综合所得年适用税率。

- 预缴税款时，未申报享受或者未足额享受综合所得税收优惠，如残疾人减征个人所得税优惠等。

- 有符合条件的公益慈善事业捐赠支出，但预缴税款时未办理扣除。

有四种情形将产生或可能产生补税。

- 从两处或者两处以上单位取得工资或薪酬，预缴税款时重复扣除了5,000元/月的基本扣除费用。

- 除工资薪金外，有劳务报酬、稿酬、特许权使用费等收入，各项综合所得的收入累计导致适用综合所得年税率高于预扣预缴率。

- 预扣预缴时扣除了不该扣除的项目，或者扣除金额超过规定标准，年度合并计税时对扣除额进行了调减，导致个税增加。

- 纳税人或扣缴义务人没有申报收入并预扣预缴税款，需对未申报收入进行补充缴税。

Part 3
运营实操

在企业的日常运营中，财税问题如影随形，即使是资深财务人员，亦难以确保对所有突如其来的挑战都能应对自如。财务事务无大小之分，每一步都至关重要。我们不仅要提前做好周密准备和充分分析，还要随时准备应对各种变数，灵活处理不同情境下的财税问题。

在这一部分中，我们梳理了企业在日常运营过程中经常发生的财税高频问题，旨在为读者提供一份实用指南，帮助读者有效预防潜在风险，并在遇到类似问题时能够迅速、准确地应对。

第 6 章

掌握合同订立风险点

35. 签署定金合同有哪些注意事项

年关将至，高梯城又谈成了一笔大订单。这笔订单不仅可以让公司盈利增加不少，而且自己今年的任务也能圆满完成。合同总金额为 100 万元，约定对方会预先支付 30 万元的定金。高梯城认为这笔生意十拿九稳，回公司的路上已经提前计算好自己的提成金额了。对方也十分爽快，在约定日期前将定金打到了公司账上。

没过多久，对方公司突然通知高梯城无法履行合同。虽然高梯城的提成没戏了，但由于是对方违约，收到的定金可以不退，所以对公司来说倒没什么损失。但几天之后，对方提出合同中约定的定金金额超过了合同总金额的 20%，合同无效，要求退还定金。古智赶忙咨询律师，律师给出的答复是，定金部分需要退还对方公司 10 万元。

问题前置：定金不能超过主合同标的额的 20%

需要明确的是：定金超过主合同标的额 20% 的合同不是无效合同。定金的数额由当事人约定，不得超过主合同标的额的 20%，超过部分不产生定金的效力。

所以在合同中，只是定金超过的部分无效，并不影响合同其他部分的效力，其他部分仍然是有效的。

以点带面：定金合同的相关规定

定金合同是实践合同，以定金的交付为合同的成立要件，并以书面形式进行约定。定金合同自实际交付定金时成立。

定金合同的定金交付期限可以是主期限前的任一时间,但不能迟于主合同的履行期限。定金的数额由当事人自由约定,但定金不得超过主合同标的额的 20%。当事人约定的定金数额超过主合同标的额 20% 的,其超过部分无效。当事人在合同中应当明确约定定金罚则的适用情形,如当事人在合同中未写明定金罚则,也必须注明一方当事人所预交的款项为定金。如未写明"定金"字样,则不适用定金罚则。

定金罚则的具体内容是:给付定金的一方不履行约定债务的,无权要求返还定金;收受定金的一方不履行约定债务的,应该双倍返还定金。定金罚则与违约金条款不能同时适用。当事人既约定违约金,又约定定金的,一方违约时,对方可以选择适用违约金条款,也可以选择适用定金条款,但二者不能并用。

作者说:定金与订金的区别

定金和订金虽然只有一字之差,但其法律意义和法律后果却大相径庭。实践中,人们对定金、订金、履约保证金、押金等混用、错用的案例比比皆是,给人们带来不少困扰,甚至带来极大的损失。

订金与定金的区别具体表现在以下几个方面:

1. **二者产生的基础法律关系不同**。定金合同通常是作为主合同的从合同存在,其效力依赖于主合同的有效性。如果主合同无效,则定金合同也无效。而订金通常是主合同的一部分,其作用和效力直接体现在主合同中。

2. **二者的功能作用不同**。定金的主要功能是作为债务的担保,一旦合同违约,定金可以作为违约责任的一部分来惩罚违约方或补偿守约方。订金则更多的是作为一种资金上的预先给付,用于支持合同的履行,不具有直接的担保功能。

3. **二者的违约处理不同**。在违约情况下,定金通常是不退还的,它会根据违约情况由一方或双方保留。而订金在违约情况下一般是需要退还给支付方的。

4. **二者的适用范围不同。** 定金作为一种担保方式，可以适用于多种类型的合同。订金则多用于那些涉及金钱支付的合同，如买卖、租赁、承揽等合同。

订金属于金钱质的一种，目前没有明确的法律定义，但订金在日常经济活动中却被广泛采用。严格讲订金只是一个习惯用语，指为担保合同债权的实现，双方当事人通过书面约定，由一方当事人向对方预先支付一定数额的金钱作为担保的方式。

36. 签署买卖合同有哪些注意事项

毕程宫的保健品销售公司近期从供应商处采购了一批货物，货款支付完成后，供应商第一时间将货物发出。没想到在运输途中车辆意外起火，万幸的是没有人员受伤，但一车的货物都被烧毁了。

毕程宫得到消息后，赶忙让供应商补发货物，供应商却表示需要再次付款后才能发货。这令毕程宫十分气恼，他认为货物还没有到自己手上就出了问题，应该由供应商来承担全部责任。供应商却说货物一旦发出，所有风险都应该由买方承担。

一番交涉后，双方都认为责任要由对方承担，合同里也没有写明发生此类情况应该由谁来承担责任。双方互不相让，僵持不下。

💰 问题前置：合同中未约定运输途中风险情况的，应由买方承担

对于运输途中的风险，合同有约定的，按约定执行；合同没有约定

的，风险由买方承担。目前有很多由卖方代办托运、邮寄货物的情况，一般而言卖方办理完相关托运、邮寄手续后，就算完成了交付。货物在运输途中损失，或者邮寄途中丢失等，风险一般由买方承担。

以点带面：如何处理一物多卖

在实践中，存在出卖人一物多卖的情形，即出卖人将标的物卖给多个买受人，在买受人主张出卖人交付标的物时，出卖人无法交付，引发纠纷。对于此种情形，出卖人就同一普通动产订立多重买卖合同，在买卖合同均有效的情况下，买受人均要求实际履行合同的，应当按照以下顺序处理：[13]

- 先行受领交付的买受人请求确认所有权已经转移的，人民法院应予支持；
- 均未受领交付，先行支付价款的买受人请求出卖人履行交付标的物等合同义务的，人民法院应予支持；
- 均未受领交付，也未支付价款，依法成立在先合同的买受人请求出卖人履行交付标的物等合同义务的，人民法院应予支持。

出卖人就同一船舶、航空器、机动车等特殊动产订立多重买卖合同，在买卖合同均有效的情况下，买受人均要求实际履行合同的，应当按照以下顺序处理：

- 先行受领交付的买受人请求出卖人履行办理所有权转移登记手续等合同义务的，人民法院应予支持；
- 均未受领交付，先行办理所有权转移登记手续的买受人请求出卖人履行交付标的物等合同义务的，人民法院应予支持；
- 均未受领交付，也未办理所有权转移登记手续，依法成立在先合同的买受人请求出卖人履行交付标的物和办理所有权转移登记手续等合同义务的，人民法院应予支持；
- 出卖人将标的物交付给买受人之一，又为其他买受人办理所有权转移登记，已受领交付的买受人请求将标的物所有权登记在自己名下的，人民法院应予支持。

作者说：标的物的检验规定

在实践中，采购方收到货物时，应当及时对标的物进行检验，如未及时检验，逾期责任要自负。一般来说，针对合同中标的物的检验方式可以分为以下两种情况：

1. 当事人约定检验期。买受人应当在检验期间内将标的物的数量或者质量不符合约定的情形通知出卖人。买受人怠于通知的，视为标的物的数量或者质量符合约定。

2. 当事人未约定检验期。当事人没有约定检验期间的，买受人应当在发现或者应当发现标的物的数量或者质量不符合约定的合理期间内通知出卖人；买受人在合理期限内未通知或者自标的物收到之日起两年内未通知出卖人的，视为标的物的数量或者质量符合约定。但是，如果标的物有质量保证期的，则适用质量保证期，不适用质量检验两年的规定。

37. 签署借款合同有哪些注意事项

"巧妇难为无米之炊"，公司经营难免会遇到资金周转问题。最近毕程宫的公司正在经历一段困难时期，其间与几家公司有借款往来。

这个月公司要采购大量货品，账上资金不足，于是毕程宫找到一家公司借款进行资金周转，对方很痛快地答应了。毕程宫与对方签订的合同里提到，毕程宫的公司需要给予一定的利息，但并未明确利率及相应金额。

到了还款时，毕程宫的公司只支付了本金，并未支付利息。对方公司要求毕程宫的公司按市场利率支付利息，但毕程宫表示合同里没有明确利息金额，所以不认可对方提出的要求。

对方一纸诉状，将毕程宫的公司告上了法庭，最终法院要求毕程宫的公司按当地市场利率支付相应利息。

问题前置：法人之间利息约定不明的，借款人需要支付利息

借贷双方在合同中没有约定利息的，视为没有利息。利息约定不明的，自然人之间借贷视为没有利息；除自然人之间借贷之外，借贷双方对借贷利息约定不明的，出借人主张利息的，应当按照当事人的交易方式、交易习惯、市场报价利率等因素确定利息。

以点带面：对借款利率的确定[14]

相关法律规定，个人约定借款利息的利率可适当高于银行利率，但最高不得超过银行同类贷款利率的四倍（含利率本数），否则超过部分的利息不受保护。此外，还取消了以24%和36%为基准的规定，而以一年期贷款市场报价利率（LPR）①的四倍作为民间借贷利率司法保护上限。

另外，欠条没有约定利息的，也视同没有利息，但是过了欠条规定的还款日，欠款仍没有偿还的，可以要求按银行利率计算拖欠还款产生的利息。借款人支付超出规定的利息后又起诉主张返还的，法院予以支持。

在民间借贷中，法律允许借款人和出借人之间约定一定的借款利息，不过利率的约定需要合法。借款的利息不得预先在本金中扣除，利息预先在本金中扣除的，应当按照实际借款数额返还借款并计算利息。

---

① 贷款市场报价利率，即 Loan Prime Rate，是由中国人民银行授权全国银行间同业拆借中心公布的，用于指导商业银行贷款利率的基础性利率。

例如，李某向张某借款 10 万元，约定借款期限为 6 个月，月利率为 2%，随后李某出具了 10 万元的借据和收条。但张某在交付本金时，预扣了 6 个月的利息 1.2 万元，仅交付 8.8 万元。在这种情况下，李某借款本金应为 8.8 万元，按照实际借款金额返还张某借款并计算利息即可。

作者说：企业借款的八个注意事项

企业在借款时，需要特别注意下面这八个方面的内容。

• 认缴截止时间前，出资未到位发生的利息支出可以在企业所得税税前扣除。

• 认缴截止时间已到，出资未到位发生的利息支出不可以在企业所得税税前扣除。

• 企业借款的利息支出，必须以发票作为企业所得税税前扣除的依据。

• 支付给个人的利息需要代扣代缴个人所得税。

• 支付给合伙企业的利息，由合伙企业对收到利息的自然人合伙人代扣代缴个人所得税。

• 向非金融企业借款的利息支出，超过按照金融企业同期同类贷款利率计算的利息金额的部分，不能在企业所得税税前扣除。

• 向关联企业借款的利息支出，应符合债资比的相关规定：金融企业债资比限额为 5∶1；其他企业债资比限额为 2∶1。权益投资为企业资产负债表所列示的所有者权益金额，即计算债资比时以实缴数，而不是以认缴数来计算。

• 向关联企业无偿借款的增值税问题。税收优惠的适用范围是企业集团内单位（含企业集团）之间的资金无偿借贷行为，即非企业集团不能享受免税优惠。

38. 签署保证合同有哪些注意事项

"多个朋友多条路",毕程宫秉持这个想法,一直对身边的朋友或合作伙伴非常仗义。帮助有困难的人,毕程宫觉得自己义不容辞。

这两天毕程宫的一个朋友赖强找到毕程宫,说是资金周转不开,要向贷款机构借钱,但需要两个担保人。赖强已经找好了一个担保人,用其名下的车辆做担保。赖强希望毕程宫能作为另一个担保人签订保证合同。毕程宫觉得不是借钱就好,既然都有车辆担保了,风险应该不大,都是朋友也不好驳人家面子,便同意了。

一段时间后,贷款机构上门找到毕程宫,说是赖强一直没有还钱,现在也联系不上,由于毕程宫是担保人,要求他来归还款项。毕程宫一头雾水:"当初不是我和另一个人共同签的保证合同吗?那个人还是用车辆做的担保,即便找不到赖强,也应该先用车辆来抵押吧。"但是贷款机构的人表示:"车是第三人的,我们有权先找你进行还款。"毕程宫听完简直怒火攻心:"这个赖强,真是把我害惨了!"

问题前置:保证合同中物保和人保并存时的债权实现顺序

保证合同中物保和人保并存时,分情形确定债权实现的顺序。
- 债务人自己提供物的担保的,债权人应当先就该物的担保实现债权。
- 第三人提供物的担保的,债权人可以就物的担保实现债权,也可以要求保证人承担保证责任,可以二选一执行。

以点带面:一般保证担保和连带责任保证担保的区别

在日常经济活动中,许多人为了能让自己的权利得到保障,都希望在合同中添加保证人。无论是债权人还是保证人，都需要对保证担保有正确的认识和了解。在签署保证合同时，分为一般保证和连带责任保证，两者有以下区别。

1. 承担责任的方式。一般保证的保证人只有在主债务人不能履行债务时，才有代为履行的义务，具有补充性。而连带责任保证的保证人与主债务人一样，债权人可以直接向他们中的任何一方追偿。

2. 法律适用。连带责任保证适用连带责任的法律规定，保证人与主债务人承担相同的责任。一般保证则适用一般保证的法律规定，保证人与主债务人之间不存在连带债务。

3. 先诉抗辩权。一般保证的保证人享有先诉抗辩权，当债权人向保证人请求履行保证债务时，保证人在主合同纠纷未经审判或者仲裁，并就债务人财产依法强制执行仍不能履行债务前，有权拒绝承担保证责任的权利。连带责任保证的保证人则没有这个权利。

4. 担保力度。连带责任保证的担保力度较强，对债权人更有利，但保证人的负担相对较重。一般保证的担保力度相对较弱，保证人的负担也相对较轻。

另外，如果当事人未在合同中明确约定保证方式或约定不明确的，不再推定为连带责任保证，而是按照一般保证来处理。债权人与保证人可以约定保证期间，但如果约定的保证期间早于主债务履行期限或与之一致，则视为没有约定；如果没有约定或约定不明确，保证期间为主债务履行期限届满之日起六个月。

在签署保证合同时，双方应当仔细考虑保证的方式和责任，明确约定保证的条件、范围和期限，以避免日后的纠纷。对于保证人来说，承担保证责任可能意味着较大的经济风险，因此在同意提供保证之前，应当充分了解主债务人的信用状况和还款能力。

作者说：借款展期未经保证人书面同意，保证人的责任是什么

如果债权人与主债务人协商一致，对借款期限进行了延期或展期，而未经保证人书面同意，保证人的责任并不会因此免除。保证人仍然需要按照原合同约定的或法律规定的期间承担保证责任，只是保证责任的追究时效会按照原保证期间或法律规定的期间来计算。

保证期间是保证人承担保证责任的时限。如果债权人在保证期间内未向保证人主张权利，保证期间届满，保证人的保证责任将会免除。

39. 签署合同有哪些其他注意事项

销售部之前在签署业务合同时，合同中出现了很多漏洞，让公司吃了不少亏。以高梯城为首的销售人员大多对合同内容不太上心，作为总经理的毕程宫也没时间仔细审查每一份合同，于是便开会通知大家：以后销售部签完的合同，还要交财务部审核一遍，之后再向毕程宫汇报。

古智完全理解不了毕程宫的这个决定，认为签订合同本来就是销售部的事情，财务部能审核什么呢？业务不是财务部主导开展的，价格也不是财务部能决定的。再说了，财务部自己的事还忙不过来呢。

抱着这样的想法，即便合同送到了古智手里，古智也只是走个过场，然后再原封不动地交给毕程宫。几次之后，毕程宫发现了问题，跑过去质问古智。古智支支吾吾地回答不上来，被毕程宫严厉训斥："太不专业了！"

问题前置：合同有必要让财务人员审核

财务人员如果不参与合同的审核，有可能给企业带来财务风险，甚

至直接影响纳税金额。例如，合同未约定发票的类型，最后增值税专用发票会很难开；合同未约定发票开具的项目及税率，最后只能开低税率的发票；混合销售合同没区分清楚，最后还要多缴税款；收款方式没确定好，最后纳税时间提前；等等。

以点带面：财务人员审核合同，从哪几方面入手

财务人员在进行合同审核时，需要从多个方面入手，以确保合同的财务合规性和风险可控。

对合同金额的审核

- 审核合同金额是否超出了审批权限的范围，是否需要执行特殊审批程序。
- 确认合同正文中的金额信息是否准确，并与附件资料进行核对，确保大小写金额一致。
- 对于框架合同，要检查金额是否合理，是否有金额上限的设定。

对结算条款的审核

- 确认合同结算条款是否符合企业的信用管理规定，包括预付款项、付款进度、验收款的管理要求。
- 审核合同结算方式是否与企业规定相符。
- 核对合同中涉及的收款方账户名称是否与合同签订方名称一致。

对涉税事项的审核

- 确保合同中的税负承担、发票开具等条款符合国家税收法律法规的要求。
- 如果合同中明确了发票类型，需确保发票类型与合同业务内容、业

务性质一致。

• 对于涉及增值税业务的票据，确认是否标明开具增值税专用发票或者普通发票，适用税率是否标注。

• 合同中是否明确付款方式。如采用直接收款、预收款、定金、押金等，合同中需要注明。

对特殊事项的审核

• 对于租赁类合同，要判断租赁形式是否符合企业资产管理规范，是否进行了额外必要的审批。

• 对于关联交易类合同，要审核是否符合企业规定，关联交易的额度是否在年度剩余额度以内。

• 对于捐赠、赞助类合同，应重点审核交易的涉税事项。如按照企业所得税扣除要求，非广告性赞助支出、非公益性捐赠不得在企业所得税税前进行扣除。

• 对于涉及押金或保证金条款的合同，应审核押金或保证金收据的开具方式。

在审核合同时，还需要注意合同的整体合理性，是否存在异常条款，以及是否有可能对企业造成财务风险。此外，对于合同的修改和补充，也需要进行严格的审核，确保所有变更都符合财务规定和法律法规的要求。

作者说：合同中价税分离的好处

建议企业在签署合同时，合同中的价款或者报酬与增值税税款分开列明，并明确结算金额 = 价款 + 增值税（用结算时的适用税率计算）。这样做有两个好处：一是防止增值税税率、征收率的变化；二是价税分离，印花税以不含税价格为基数缴纳。

  印花税应税合同的计税依据,为合同列明的价款或者报酬,不包括增值税税款。合同中价款或者报酬与增值税税款未分开列明的,按照合计金额缴纳印花税。

第 7 章

了解日常高频财税问题

40. 企业可以随意扣除员工的绩效工资吗

毕程宫这两天正为筹资的事发愁，偏偏高梯城又一直在催促他为供应商付款，毕程宫于是将所有的怒气都撒在了高梯城身上，认为在付款这种事情上高梯城应该多为公司争取时间。

但高梯城表示供应商已经多次催款，这次实在是无法应付过去了。而且拖欠供应商款项，对公司的信誉也有影响。毕程宫听后，认为高梯城是在故意顶撞自己，便吩咐古智在发工资时，扣掉高梯城1,000元的工资作为惩罚。

次月发工资时，高梯城发现自己被扣了钱，连忙去古智那里询问原因。当得知这是毕程宫个人的决定后，他的火一下子就上来了，认为毕程宫简直荒唐无理、公报私仇。高梯城不顾古智的阻拦，冲向办公室质问毕程宫，并要求赔偿。

问题前置：用人单位不能随意克扣员工工资

《中华人民共和国劳动法》明确规定：工资应当以货币形式按月支付给劳动者本人，不得克扣或者无故拖欠劳动者的工资。但是，用人单位在特定的情况下是可以扣除劳动者工资的。

1. **用人单位不得克扣劳动者工资**。有下列情况之一的，用人单位可以代扣劳动者工资：用人单位代扣代缴的个人所得税，用人单位代扣代缴的应由劳动者个人负担的各项社会保险费用，法院判决、裁定中要求代扣的抚养费、赡养费，法律、法规规定可以从劳动者工资中扣除的其他费用。

2. **因劳动者本人原因给用人单位造成经济损失的**，用人单位可按照劳

动合同的约定要求其赔偿经济损失。经济损失的赔偿，可从劳动者本人的工资中扣除。但每月扣除的部分不得超过劳动者当月工资的 20%。若扣除后的剩余工资部分低于当月最低工资标准，则按最低工资标准支付。

以点带面：绩效工资可以随便扣除吗

很多企业管理员工的常见方式是将工资拆分成岗位工资和绩效工资，其中绩效工资跟员工绩效强挂钩，如果当月员工没有达到绩效标准，那么企业就会扣其绩效工资。

那么绩效工资应该如何定义呢？绩效工资的性质为浮动工资，如果企业希望通过绩效考核达到增减员工工资的目的，那么就可以采用绩效工资的方式，但是要符合以下四个基础条件：

• 绩效考核制度必须要经过民主制定程序及公示。

• 绩效考核制度必须要告知员工，并由员工签字。一般在员工入职时，就会让员工签字。

• 工资结构中包含绩效工资的，必须双方约定一致。企业不能单方面从员工原有的固定工资中拆分出一部分作为绩效工资。

• 针对员工岗位的具体考核内容必须合理合法，包括考核条件、考核标准、考核结果及对应的绩效工资浮动机制等。

另外，在绩效考核过程中，企业还得做到以下事项，否则就有克扣工资的嫌疑。

• 绩效考核结果必须经过员工本人签字确认，否则视为无效。

• 如果员工不签字或是提出异议，那么企业必须要有相关的证据予以证明；没有证据证明的，视为无效。

• 绩效工资的扣减要和绩效考核制度对应。比如考核结果为 4 级，对应的绩效工资按照标准的 70% 发放，企业不能随意乱扣。

作者说：提成、绩效工资、奖金三者的区别

企业薪酬管理经常会涉及提成、绩效工资、奖金等概念。如果不注意区分，很容易混淆这些概念。

1. 提成。提成通常是根据员工完成的工作量或销售业绩来计算的，是一种额外的奖励机制。提成的计算通常与销售量、项目完成数量或其他可以量化的业绩指标直接相关。对于销售人员来说，提成是他们收入的一个重要组成部分，通常在成功销售产品或服务后支付。提成的特点是具有即时性，通常与交易的成功直接挂钩。

2. 绩效工资。绩效工资是依据员工的绩效表现来确定的工资部分。这种工资形式通常涉及一系列的绩效指标，包括工作效率、质量、团队合作、领导能力等。绩效工资可能是一个固定的金额，也可能是根据绩效水平不同而有所浮动的工资。与提成不同的是，绩效工资通常是员工基本工资的一部分，而不是额外的奖励。

3. 奖金。奖金是企业为了奖励员工超出基本职责表现或达成特殊目标而支付的额外报酬。奖金可以是固定的，也可以是根据超额完成的程度来决定的。奖金通常与短期目标或特殊项目有关，而不是日常工作的常规部分。奖金是一种激励手段，鼓励员工为企业创造更多价值。

这三种薪酬形式既可以单独使用，也可以组合使用，只要能有效激励员工提高工作效率和业绩即可。

41. 工资发放的涉税风险有哪些

毕程宫名下的一家公司准备进行注销，由于一直未经营，所以注销手续相对简单，他把这项工作交由古智负责。在进行税务注销时，古智接到专管员电话，要求协助税务调查。税务局认为这家公司有虚列工资的嫌

疑，原因是在两年前这家公司开具了一张10万元的销售发票，但并无对应的进项发票，公司成本全部为人员工资。税务局要求古智提供与工资相对应的劳动合同、工资表、个人所得税申报记录及工资支付凭证等。

古智对此一头雾水，赶紧找毕程宫汇报情况。毕程宫回忆起当年他帮朋友开了张发票，结果后期发现没有成本发票，为了不产生利润，便虚列了人员工资。最后，此事以公司补税、缴纳罚款和滞纳金告终。

问题前置：虚列工资属于违法行为

部分企业为了逃避税款而虚列工资，这种方法属于违法行为，轻则补税、缴纳罚款，重则可能构成犯罪，会被依法追究刑事责任。

以点带面：工资发放的主要涉税风险

很多企业的员工信息不真实、不完整、不准确，存在很大的涉税风险，比如下面列出的这几项内容。

1. 人员数量不真实，虚列人员。 工资薪金支出无需发票，凭内部自制工资单即可在企业所得税前列支扣除。这就给某些蓄意偷逃企业所得税的企业虚列人员的机会，这些企业会在账务上按照虚列人员数计提工资，提高成本费用，降低企业所得税应纳税所得额，达到少缴企业所得税的目的。这种操作方式是违法的，即使是虚列人员，也需要为其申报个人所得税，缴纳社保。

2. 工资支出不合理。 合理的工资薪金支出可以在企业所得税税前全额扣除，一般账面计提且实际发放的工资就属于合理的工资。为了降低税务风险，企业需要留存相关资料，包括工资制度、通过企业账户实际发放工资的支付凭证等，切忌长期计提而不发放。

3. 未申报个人所得税。 企业有为员工代扣代缴个人所得税的义务，即使员工工资实际扣缴税款为零，企业也需要为其正常申报，做到全员全额扣缴申报。

4. 工资个人所得税计算不正确。以现金方式同工资一并发放的各种补贴，比如交通补贴、住房补贴、通信补贴等，都需要并入工资薪金缴纳个人所得税。

5. 员工在两处以上取得工资薪金所得的，在两处都进行了专项附加扣除。员工存在两处以上取得工资薪金所得，在次年3月1日至6月30日需要办理综合所得汇算清缴，且预缴税款时享受的专项附加扣除仅可在一处进行扣除。

6. 已离职人员信息未删除。离职人员信息未删除，企业账面上依然计提工资，并在企业所得税税前扣除，属于虚列人员的情况。离职人员若已经在其他单位任职，则会出现在两处以上任职的情况。

7. 个人所得税适用税目不正确。企业将劳务报酬所得按照工资薪金所得代扣代缴个人所得税，就属于此情况。

8. 找发票冲抵工资。某些企业会让员工提供发票，账面不计提工资，达到降低社保缴费基数以及减少缴纳个人所得税的目的。这种行为在金税系统大数据比对下，不仅涉及偷逃税款，还会涉及虚开发票。

9. 通过现金方式或老板个人账户发工资。有一定规模的企业一定要用企业账户发放工资，支付凭证、银行回单等可以作为工资实际发放的证据。

10. 大量员工个人所得税零申报。大量员工的名义工资长期维持在3,500元或5,000元，低于基本减除的费用，从而使个人所得税应纳税额变为零。

作者说：虚列工资所产生的后续问题

虚列人员工资，会给企业带来一系列的税务问题和合规风险。

1. **虚构人员有两处收入，年底汇算清缴会出问题**。如果企业虚列了工资成本，可能会导致员工在年底汇算清缴时出现两处收入的情况，这会引发税务问题，因为个人所得税是按照全年累计收入计算的。

2. **自然人投诉**。员工可能会因为未收到实际工资或发现工资被虚列而投诉企业，从而引起税务机关的注意，甚至可能导致税务稽查。

3. **个人所得税、社保缴纳问题**。虚列工资可能会导致员工个人所得税和社保缴纳不准确，引起税务和社保机关的追缴和处罚。

4. **劳动合同问题**。虚列工资可能会导致劳动合同中的工资条款与实际支付不符，引发纠纷。

5. **工会经费、残保金计算不准确**。虚列工资可能会导致企业错误地计算工会经费和残保金，导致多交费。

6. **税务稽查后，需补税和缴纳滞纳金，甚至会罚款**。在税务稽查中如果发现企业虚列工资，企业就需要补缴税款、滞纳金，并可能面临罚款。

企业应当遵守法律法规，确保工资支出的真实性和合规性，避免采取虚列工资等不当财务行为。

42. 发放差旅津贴需要提供发票吗

这天毕程宫刚到公司门口，就听见高梯城和古智在争吵，听了一会儿他才知道，原来两人又在因为报销的事情拌嘴。

高梯城经常去外地出差，很多时候为了赶时间，只能在一些小吃店或小饭馆解决吃饭问题，但是这些地方都无法提供发票。高梯城每次都将消费金额用手机拍下来，回到公司后拿着照片找古智报销。古智每次都因为高梯城拿不出发票而拒绝给他报销。

前几次高梯城也没太计较，想着没多少钱就算了，但古智总是盛气凌人地说："这是规矩，没有发票就入不了账，所以不能给你报销，否则公司的账就全乱套了。你要么拿发票来报销，要么就自己掏腰包吧！"

气得高梯城只能找毕程宫理论。毕程宫左右为难，觉得自己"一碗水还是要端平"，只能先安抚高梯城，但也没有想到什么好的解决办法。

💰 问题前置：企业没有发票也能进行账务处理

如果企业实际成本费用已经发生，按照会计准则就要确认成本费用，满足成本费用确认条件就要进行账务处理。成本费用的确认不受发票的影响，也就是说即使企业没有收到发票，只要实际成本费用已经发生，也能进行账务处理。

但是从税务角度看，如果一项成本没有对应的合法发票，是不能进行企业所得税税前扣除的。所以需要分两种情况考虑，如果企业在汇算清缴前取得了发票，可以进行税前扣除，不用进行调整；如果企业在汇算清缴前没有取得发票，则需要进行纳税调整，调增应纳税所得额。

💰 以点带面：发放差旅津贴不需要提供发票

员工在出差期间发生的小额公共交通费及餐费，本着简化报销程序、减少工作人员工作量的原则，可以不再凭票报销，而是由出差人员自己承担小额支出后，企业再以给予补贴的方式报销。这时，企业可以为员工制定相应的差旅津贴制度，根据员工职级按天确定差旅津贴标准。发放差旅津贴不需要提供发票，合理的差旅津贴支出可以在企业所得税税前扣除。差旅津贴不属于工资薪金性质的补贴、津贴，所以也不用交个人所得税。

差旅津贴应随报销的差旅费一同发放给员工，出差人员在差旅费报销单上如实填写出差事由、出发及到达的时间和地点、乘坐的交通工具、出差天数等，并将交通费、住宿费发票等原始凭证附在报销单后。企业根据差旅费报销制度及出差天数计算差旅津贴金额，与报销的差旅费加总后，一同支付给出差人员。

作者说：发放差旅津贴的注意事项

企业在给员工发放差旅津贴时，需要注意以下问题。

以差旅补助的名义向员工发放的各项补贴，特别是差旅津贴，若每个月随同工资一起发放，则员工无法享受免缴个人所得税优惠。

按月发放、人人有份的大额差旅补助，属于变相发放的工资性补贴、津贴，应当并入当月工资薪金所得来缴纳个人所得税。

企业发放差旅津贴时，应做到以下几点。

1. 有制度。企业必须制定相应的差旅费报销制度，明确差旅津贴的日标准，超过标准的不得在税前扣除，更不得免缴个人所得税。

2. 有证据。员工出差要以相对应的住宿费、交通费发票等凭据和出差记录作为差旅津贴发放依据。

3. 有形式。差旅津贴应与相关的差旅费报销单相对应，注明出差天数、每日标准，切记不要将差旅津贴随同工资发放或者单独做表发放。

43. 不开发票就不用申报纳税吗

毕程宫公司销售的保健品在市场上反馈很好。公司之前都是与B端客户合作，近期针对C端客户开发了线上小程序，客户可以从小程序上自主下单。虽然个人购买力不如公司，但只要打开了这个销路，便能让产品获得更多的关注，从而给公司创造更多的业绩。

毕程宫今天特意找到古智，面露喜色地对古智说，"我看个人购买产品时基本不要发票，这部分钱就不用报税了，毕竟别人也不知道，这样能省不少钱呢！"

古智想了想，认为毕程宫说的方法可行，因为没开具发票，所以税务系统里没有数据，那么收到的钱款直接放在预收账款里就行了。之后公司所有的未开票金额都登记在了预收账款里，积攒在里面的金额越来越大。这时古智才感觉不妙，又不知如何处理。

问题前置：无票收入也需要确认收入，申报纳税

无票收入，只是形式上没有开具发票，但是收入确认的实质与其他开票收入是一致的。所以无票收入在账务上需要确认收入，在税务上需要申报纳税。

以点带面：预收账款中的涉税风险有哪些

企业期末账上存在大额的预收账款，一般有两种可能。一种是企业确实签订了预收款的合同，收到了预收款项，但具体业务还没有执行，所以无法确认收入；另一种是企业发生业务后，收到款项但没有开具发票。

第一种情况属于合理的预收账款，与真实业务一致，没有涉税风险；第二种情况需要从业务的实质分析后续是否需要开发票。若是不开发票，收到的款项属于无票收入，就应当及时确认收入和申报纳税。

以下情形中，企业在收到预收款项时，增值税纳税义务已产生，企业应该在规定时间内申报增值税。[15]

• 纳税人提供租赁服务采取预收款方式的，其纳税义务发生时间为收到预收款当天。

• 纳税人提供建筑服务取得预收款，应在收到预收款时，以取得的预收款扣除支付的分包款后的余额，按照预征率预缴增值税。

• 房地产开发企业采取预收款方式销售所开发的房地产项目，在收到预收款时按预征率预缴增值税。

作者说：开发票和不开发票的缴税金额是否一样

在实务中，不开发票的情况比较常见，虽然发票可以不开，但是税必须缴纳。很多人会有疑问：开发票和不开发票的缴税金额是不是一样的？没错，对同一企业来说，两者的缴税金额是一样的。

是否缴税，是由企业的交易形式以及业务类型来决定的，而不是由开不开发票决定的。企业可以用不同的主体针对不同客户的需求开展业务，这样更有利于减轻企业整体的税负。

客户需要增值税专用发票时，可以用一般纳税人主体开展业务；客户对增值税专用发票还是增值税普通发票没有要求时，可以用小规模纳税人主体进行合作；如果客户不需要发票，最有利的主体是个体工商户或者个人独资企业。

44. 一个人可以同时在两家公司工作吗

高梯城跑业务时，与一个客户聊得十分投机，双方合作得也非常愉快。合作完成后，客户约高梯城一起吃饭，酒过三巡，客户表明自己十分欣赏高梯城，觉得他的业务能力很强，想让他去自己的公司做兼职，业务模式与目前高梯城所在公司并不相同，两家公司也无竞争关系。高梯城听后十分动心，嘴上却说需要回去认真考虑一下。

高梯城主要的顾虑是：一个人能不能同时在两家公司工作？他自己想不明白，便去找古智咨询。高梯城不敢说是自己，谎称是一个朋友向他询问此事，自己也不太懂，所以才咨询古智。古智听后回答说："这样做肯定是不行的，一个人只能在一家公司工作，也只能领一家公司的工资，在两家公司同时工作是违法的。"高梯城听后十分沮丧。

💰 问题前置：一个人同时在两家公司工作违法吗

如果两家公司不存在竞争关系，那么员工同时在两家公司上班并不违反法律规定。但是，员工只能选择一家公司缴纳社保，并且两家公司都需要给该员工申报个人所得税，专项附加扣除也只能选择一家公司进行。

💰 以点带面：两家公司拆分支付工资的风险

在实践中，有公司通过拆分支付工资的方式降低社保缴纳基数，减少社保缴费的支出，通过这种方法来控制用工成本。这样的行为导致公司可能面临税务、劳动用工等方面的诸多法律风险。

对公司而言，员工跟一家公司签订劳动合同，就要通过这家公司的账户发放合同约定工资。如果这家公司的账户发放的工资低于合同工资，员工可以通过仲裁要求补全。另外一家公司发放工资给员工，与员工构成事实劳动关系，员工可以起诉另一家公司没与自己签订劳动合同，要求未签劳动合同的公司双倍补偿。

除此之外，公司还存在因为未按实际基数为员工缴纳社保、公积金，被主管部门责令限期改正、补缴社保和公积金、罚款等风险。

对员工而言，工资拆分到两家公司发放，好处无非是到手的工资变多了，坏处和风险是社保按低基数缴纳，退休金低；工资代付部分银行流水变少，不利于个人贷款及其他事项办理；加班费、被辞退赔偿金等按照基本工资计算，容易产生劳动纠纷。

💰 作者说：从两家公司领取工资后，个人所得税如何申报

在实务中，存在个人同时与两家公司签订劳动合同，从两家公司领取工资薪金的情形。这种情况下，个人所得税应该如何申报呢？

按照相关法规，我国居民个人取得的工资薪金所得，由任职受雇单位按月预扣预缴，适用累计预扣预缴方法，年终并入综合所得进行汇算清缴。个人从两家公司领取工资，由两家公司分别预扣预缴个人所得税，两家公司分别按照个人在各自公司取得的税前收入申报个人所得税。

个人在两家公司领取工资的，次年应进行个人所得税汇算清缴。汇算清缴时，基础扣除费用为一年 6 万元，预缴时两家公司重复扣除的，需要补回，因此可能会出现补缴个人所得税的情形。

45. 企业与个人之间的借款涉及哪些税种

高梯城的业绩一直是公司里最好的，每个月的销售提成都让其他业务人员羡慕不已，但是烦恼也随之而来。由于提成比较高，所以他要缴纳的个人所得税也不少。

这天，高梯城约古智吃饭，想让古智帮忙想想有什么办法可以少缴税。古智想了半天，还真给他出了个主意，让高梯城把钱借给公司，等公司还款的时候向他支付利息，这样一来就不用按提成算工资了，也不用缴税了。

高梯城听完喜出望外，感谢古智的同时还不忘夸赞她聪明、专业。毕程宫听闻此事，也觉得这是一个好办法，自己也可以用这种方式操作一番。两人对古智刮目相看。

问题前置：企业支付个人借款利息，需要代扣代缴个人所得税

企业向个人借款支付利息时，需要代扣代缴个人所得税，按照"利息、股息、红利所得"计算个人所得税，税率是 20%。

以点带面：企业无偿借款给个人涉及哪些税种

在实操中，会出现股东向企业借款的情况，这种借款一般是无偿借款，很少有股东向企业支付利息的情况出现。但即便是无偿借款也涉及相关税费，主要包括下面这几类。

1. 增值税。企业无偿把资金借给股东使用，视同销售，应当缴纳增值税，按同期同类贷款利率计算利息。一般纳税人适用税率为6%，小规模纳税人适用征收率为3%。

2. 个人所得税。股东从其投资的企业（个人独资企业、合伙企业除外）借款，在该纳税年度终了后既不归还，又未用于企业生产经营的，其未归还的借款可视为企业对个人投资者的红利分配，依照"利息、股息、红利所得"项目计征个人所得税，适用税率为20%。对企业其他人员取得的上述所得未按期归还的，按照"工资、薪金所得"项目计征个人所得税，适用税率为七级超额累进税率。

3. 企业所得税。企业将资金无偿借给股东使用的情况，不属于企业所得税视同销售的范围，所以无须缴纳企业所得税。

4. 印花税。企业与个人之间的借款合同不属于印花税征收范围，无须缴纳印花税。

作者说：个人无偿借款给企业的财税风险

许多企业在需要资金周转或者扩大经营的时候，会采用以企业名义向股东个人借款的方法筹集资金。如果企业正常借款用于资金周转，企业与股东签订了借款协议，那么企业向股东借款并且还款，就没有风险。

但现实是，很多企业以企业名义向股东借款，是因为收入只有部分能到企业账户，剩下的大部分是在股东的个人账户里，导致企业账户出现资金不足的情况。为了解决这个问题，部分企业就将原来流入股东个人账户的资金以借款的形式注入企业账户，让企业可以正常地运营。这种做法叫资金回流，属于违法操作。一旦被稽查，企业须补税、缴纳罚款和滞纳金，情节严重的甚至要承担刑事责任。

46. 税负率如何计算

毕程宫的公司近期的经营状况不是很好，毕程宫对此一筹莫展。与此同时，一个新问题又摆在他的眼前。

古智在汇报工作时提出，公司近期一直没有缴纳过税款，税负率较同行偏低，恐怕会引起税务局的关注。古智建议毕程宫根据同行的税负率，调整公司的纳税额。毕程宫也担心这方面出问题，便与古智商量对策。

最终两人决定找朋友帮忙，虚增一些收入，这样缴纳税款后，自然就不会引起税务局的关注了。

问题前置：企业不要随意操控自己的税负率

用任何方式增加或减少企业的应纳税额都是违法的。增加应纳税额，企业有虚增销售收入、虚开发票的嫌疑；降低应纳税额，企业会涉嫌偷逃税款。

以点带面：如何计算税负率

税负率是指企业在某个时期内税收负担的大小，一般用企业实际缴纳税额占收入的比重来衡量。通常企业用到的税负率包括增值税税负率和企业所得税税负率。

企业日常业务中提到的税负率大多指增值税税负率，指的是纳税义务人当期应纳增值税占当期应税销售收入的比例。对小规模纳税人来说，税负率就是适用的征收率；对一般纳税人来说，因为可以抵扣进项税额，税负率就不是适用税率，一般情况下会低于税率。

增值税税负率的计算公式为：增值税税负率＝实际缴纳增值税税额÷不含税的实际销售收入×100%；当期应纳增值税＝当期销项税额－实际抵扣进项税额；实际抵扣进项税额＝期初留抵进项税额＋本期进项税额－进项税额转出－出口退税－期末留抵进项税额。

例如，某一般纳税人企业本期销售收入为 1,000 万元，本期销项税额为 130（1,000×13%）万元，本期进项税额为 80 万元。假设没有其他影响因素，增值税税负率＝（130－80）÷1,000×100%＝5%。

企业所得税税负率的计算公式为：企业所得税税负率＝应纳所得税额÷应纳税销售额（应税销售收入）×100%。

接上述案例，企业本期成本费用共计 850 万元，都可以在税前扣除，且没有其他纳税调整事项，不考虑税收优惠，则本期应缴纳所得税额＝（1,000－850）×25%＝37.5（万元），企业所得税税负率＝37.5÷1,000×100%＝3.75%。

作者说：企业税负率过高或过低对企业的影响

在企业的经营过程中，税负率是一个不容忽视的重要指标。税负率的高低不仅反映了企业所承担的税收负担，还直接关系到企业的财务状况、市场竞争力以及长期发展。

税负率过高的影响

1. **减少净利润。**高税负率意味着企业需要缴纳更多的税款，这会直接减少企业的净利润，也会影响企业的资金流动性和扩张能力。

2. **降低竞争力**。高税负率可能导致企业成本上升，使其产品或服务在市场上的竞争力下降。在价格竞争上，企业可能不如税负率低的企业具有优势。

3. **投资和创新受限**。高税负可能会减少企业的可用于投资和创新的可支配收入，从而抑制技术进步和产业升级。

4. **员工和股东利益受损**。税负率的提高意味着企业可用于员工薪酬和股东分红的资金减少。这不仅会影响员工的工作积极性和满意度，还可能降低股东的投资回报率，影响企业的稳定和发展。

税负率过低的影响

1. **税务稽查风险**。税负率低于行业平均水平可能引起税务部门的关注，增加被税务稽查的风险。

2. **企业经营风险**。过低的税负率可能反映出企业经营管理存在的问题。例如，企业在成本核算、收入确认等方面不规范，或者企业在税收筹划方面过于激进等。

3. **企业对政府扶持的依赖度上升**。在税负率低的背景下，企业可能会享受到政府的某些扶持政策。如果企业过度依赖这些政策，不仅会削弱自主经营能力，更对其长期的稳定发展和市场竞争力产生不利影响。

所以，企业税负率过高或过低都会对企业产生一定的负面影响。企业在经营过程中应密切关注税负率的变化，并采取措施合理规划和优化税负结构。同时，企业还应加强税务管理，确保纳税合规，以降低税务风险并提升整体竞争力。

47. 0元转让股权需要缴纳个人所得税吗

毕程宫的公司能够稳步发展，离不开毕程宫与几位股东的默契配合。

近期其中一位股东想转让自己 20% 的股权，并跟毕程宫表示转让钱款私下交易，股权转让协议写转让钱款为 0 元，这样自己就不用缴纳税款了。

毕程宫找到古智咨询这个问题，古智表示 0 元转让股权确实不用缴纳税款。于是，毕程宫欣然同意了这位股东的提议。但是等到实际办理手续时，税务局却要求转让股东缴纳个人所得税和印花税，这令毕程宫和古智感到意外，连忙询问原因。

问题前置：0 元转让股权也可能需要缴纳税款

转让股权时确认转让收入主要看两个指标，一是看转让双方的协议价格，二是看资产负债表上所有者权益的金额。当所有者权益金额乘以本次转让份额所得的金额，大于协议价格时，则以较大数作为本次转让的收入金额，并缴纳相关税费。

以点带面：股权转让涉及哪些税费

企业股权转让涉及以下税费。

1. 企业所得税。企业所得税的税率为 25%。符合小型微利企业条件的，可享受企业所得税相关优惠。

2. 增值税。企业转让上市公司股权应按转让金融商品的相关规定缴纳增值税，转让非上市公司股权目前暂不征收增值税。一般纳税人转让金融商品适用税率为 6%。

3. 附加税费。根据实际缴纳的增值税，城市维护建设税按照城市市区 7%、县城镇 5%、其他地区 1% 缴纳；教育费附加按照 3% 缴纳，地方教育附加按照 2% 缴纳。

4. 印花税。立据人双方按照 0.05% 缴纳。符合条件的，可以享受相关优惠政策。

5. 个人所得税。个人转让股权，以股权转让收入减除股权原值和合理费用后的余额为应纳税所得额，按"财产转让所得"缴纳个人所得税，税率为20%。合理费用是指股权转让时按照规定支付的有关税费。

作者说：未实缴注册资本，0元转让股权也可能需要缴纳税款

认缴制下股东未实缴注册资本，是无法免除股权出让人所得税纳税义务的。对于申报的股权转让收入明显偏低且无正当理由的，主管税务机关可以核定股权转让收入，优先采用"净资产核定法"。

股东虽然实缴0元，并且以0元的对价转让股权，并不代表股权转让的收入就可以是0元，还要看企业账上的净资产金额。

例如，甲公司实收资本为0元，自然人股东王总占股20%，企业账面净资产为200万元。王总以0元转让股权，需要缴纳印花税和个人所得税，按净资产份额缴税。

净资产份额 = 200 × 20% = 40（万元），缴纳印花税 = 40 × 0.05% × 50% = 0.01（万元），缴纳个人所得税 =（40 − 0.01）× 20% = 7.998（万元）。

所以，0元转让股权，并不意味着不缴纳税款。

48. 债权可以转为股权吗

毕程宫经营公司一段时间后，对公司经营存在的风险也越来越清楚了。近期他听说公司注册资本金没有实缴的话，对股东有一定的风险。他马上想到，自己在创业期间虽然没有实缴注册资本，却借给公司很多钱用于日常经营，目前公司一时之间也还不了钱，还不如把借给公司的钱转为注册资本，这样自己的出资义务也就完成了。

于是，毕程宫找到古智，提出将借款转成注册资本。古智却说这种方式叫作债权转股权，办理起来特别麻烦。无奈之下毕程宫只好打消了这个念头。

💰 问题前置：想要债权转成股权，公司应当增加注册资本

公司将股东借款转为实收资本，本质上是把债权转股权，只不过债权人身份比较特殊，是公司股东。根据相关规定，债权转为公司股权的，公司应当增加注册资本。

💰 以点带面：不增资，能否把债权转为股权

公司召开股东会会议，经过决议，可以将股东的借款转为公司的实收资本，同时需要附有原债权人转款的银行回单、股东会决议、债权转股权协议等文件。

公司在不增资的情况下，直接把债权转为股权，是高风险做法。即使操作上能完成，在法律上大概率会被认定为未实缴出资。

转为公司股权的债权应当符合下列情形之一。

• 债权人已经履行债权所对应的合同义务，且不违反法律、行政法规、国务院决定或者公司章程的禁止性规定。

• 经人民法院生效裁判或者仲裁机构裁决确认。

• 公司破产重整或者和解期间，列入经人民法院批准的重整计划或者裁定认可的和解协议。

债权转为公司股权的，公司应当增加注册资本。比如在某案件中，债权人起诉公司股东在其出资范围内承担补充赔偿责任，股东抗辩部分实缴出资是借款转实收资本。经审理查明，法院认为虽然公司当时做出了股东借款转出资的股东会决议，但债转股应当办理相应的增资手续，否则

不能认定为实缴出资。所以，该股东实缴出资的抗辩法院没有采纳。

结合目前法律法规和相关司法案例，我们可以得出结论：未增资情况下，公司向股东借款直接转为实收资本是不行的，即使操作上能完成，一旦诉至法院，还是会被认定为是未实缴出资。

作者说：如何将债权转为股权

公司在经营过程中向股东借款用于公司的正常经营，公司账面计提了大额其他应付款，目前却无力偿还这部分借款。这时股东想把债权转成股权，应该如何处理呢？

其实可以用一种简单的方式解决，即：按照正常的途径实缴注册资本。公司账上有钱的，先把对股东的借款还掉，再让股东把注册资本实缴到位；公司账上没钱的，先让股东实缴注册资本，等公司账上有钱了，再偿还对股东的借款。这样一来，银行存款金额不变的同时，公司可以还清对股东的借款，股东也实缴了注册资本。

49. 公司的债务由谁来承担

毕程宫有一家商贸公司，注册资本为100万元，三名股东分别按照各自的出资比例实缴了注册资本。这家公司的生意一直不温不火，马上夏天到了，毕程宫和其他两名股东商量后，在朋友的公司购买了一批防晒产品，价值300万元，货款支付了50%。剩下的货款毕程宫跟朋友商量好，等商品卖出后尽快支付，这位朋友爽快地同意了。

由于毕程宫对市场行情判断失误，防晒产品的销售并不理想，最终公司无力支付剩余50%的货款。毕程宫找到另外两名股东，提议三人按股权比例将剩余货款还清。

但另外两名股东并不买账，认为公司所欠货款与自己无关。但毕程宫认为三人都是公司的股东，公司出现债务，股东都应当承担相应责任。毕程宫面对前所未有的压力，不知所措。

问题前置：公司的债务由公司自己承担

按《公司法》的相关规定，公司拥有独立的法人财产权，以其全部财产对公司的债务承担责任。而股东不承担公司的债务，因为股东承担的是有限责任。有限责任是指在公司成立时股东须按公司章程约定的股权比例，全额缴纳出资，获得股权。在股东全额缴纳出资后，股东的义务实际上已经完成了。

以点带面：股东对公司债务承担连带责任的七种情形[16]

公司作为具有法律拟制人格的主体，是法律规定的民事主体。公司股东是指履行出资义务、享受股东权利的人。公司股东作为公司的出资人，一般情形下，对公司的债务均以其出资额为限承担有限责任。但在一定的特殊情形下，公司股东也必须对公司债务承担连带责任。

虚假出资

股东应当按期足额缴纳公司章程中规定的所认缴的出资额。股东以货币出资的，应当将货币出资足额存入有限责任公司在银行开设的账户；以非货币财产出资的，应当依法办理其财产权的转移手续。

股东不按照前款规定缴纳出资的，除应当向公司足额缴纳外，还应当向已按期足额缴纳出资的股东承担违约责任。

有限责任公司成立后，发现作为设立公司出资的非货币财产的实际价额显著低于公司章程所定价额的，应当由交付该出资的股东补足其差额；

公司设立时的其他股东承担连带责任。

出资不到位

公司财产不足以清偿债务时，债权人可主张未缴出资股东，以及公司设立时的其他股东或者发起人，在未缴出资范围内对公司债务承担连带清偿责任。

抽逃出资

股东抽逃出资的表现形式主要有以下几种。

• 股东通过其控制的其他民事主体与公司之间的关联交易，增加交易成本，变相获得公司财产或伪造虚假的基础交易关系，如公司与股东间的买卖关系，公司将股东注册资金的一部分划入股东个人所有。

• 股东将注册资金的非货币部分，如建筑物、厂房、机器设备、工业产权、专有技术、场地使用权在验资完毕后，将其一部分或全部抽走。

• 股东未提取法定公积金和法定公益金或者制作虚假财务会计报表虚增利润，在短期内以分配利润名义提走出资。

• 股东抽走货币出资，以其他未经审计评估且实际价值明显低于其申报价值的非货币部分补账，以达到抽逃出资的目的。

• 公司回购股东的股权但未办理减资手续。

• 通过对股东提供抵押担保而变相抽回出资等。

• 股东通过虚假诉讼形式，抽逃公司资产。

• 股东通过以公司名义向董事、监事、高级管理人员等提供借款而不索还等形式，抽逃公司资产。

公司清算未依法履行通知和公告义务

清算组应当自成立之日起十日内通知债权人，并于六十日内在报纸上公告。债权人应当自接到通知书之日起三十日内，未接到通知书的自公告之日起四十五日内，向清算组申报其债权。

公司解散后恶意处置公司财产

有限责任公司的股东、股份有限公司的董事和控股股东，以及公司的实际控制人在公司解散后，恶意处置公司财产给债权人造成损失，债权人有权主张其对公司债务承担相应赔偿责任。

一人有限责任公司财产与股东财产混同

一人有限责任公司的股东不能证明公司财产独立于股东自己的财产的，应当对公司债务承担连带责任。

股东过度控制、滥用公司人格行为

公司股东应当遵守法律、行政法规和公司章程，依法行使股东权利，不得滥用股东权利损害公司或者其他股东的利益；不得滥用公司法人独立地位和股东有限责任损害公司债权人的利益。

• 公司股东滥用股东权利给公司或者其他股东造成损失的，应当依法承担赔偿责任。

• 公司股东滥用公司法人独立地位和股东有限责任，逃避债务，严重损害公司债权人利益的，应当对公司债务承担连带责任。

因下列情形致使公司与其股东，或者该公司与其他公司难以区分，控制股东对公司的债务承担连带责任。

• 公司的利益与股东的收益不加区分，致使双方财务账目严重不清的。

• 公司的财产与股东的资金混同，并持续地使用同一账户的。

• 公司与股东之间的业务持续地混同，具体交易行为、交易方式、交易价格受同一控制股东支配或者操纵的。

• "夫妻店"公司的家庭共同财产与公司财产不分的。

• "一套人马两块牌子"，一人成立多个公司，各个公司表面上独立，但实际上财务不分、人员不分、资产不分的。

作者说：公司变更法定代表人后，其先前债务由谁承担

公司是一个独立的法律主体，具有自己的权利和义务。公司法定代表人变更并不会影响公司的法律责任，变更后的公司应承担变更前的所有债务。

法定代表人的变更不影响公司债务。法定代表人的变更属于公司内部管理事务，不影响公司对外的法律责任。即使法定代表人发生变化，公司之前签订的合同、借款等法律义务仍然有效，新的法定代表人或公司应继续履行这些义务。

公司的债务由公司本身承担，而不是由法定代表人个人承担。即使法定代表人参与了债务的签订或决策，这些行为也是代表公司进行的，因此债务应由公司承担。如果新法定代表人不是股东，先前债务不会对其造成利益损失；如果新法定代表人是股东，但是原股东没有把情况告诉新股东，按规定可以追究原股东的责任。

50. 对方公司注销，没有取得发票的款项怎么办

年底时古智需要核对各种账目，忙得不可开交。她在清理往来账目时，发现有一笔 200 万元的预付账款，对方迟迟未开发票，便赶快通知高梯城，让他向对方要发票。

高梯城答应了，但一直联系不上对方，便亲自到对方公司跑了一趟，没想到对方公司早已人去楼空。听到这个消息，古智担心这笔账目一直这么挂着，或者转到营业外支出，会引起税务局的稽查。这可把她急坏了。

古智赶忙跟毕程宫汇报，毕程宫听完火冒三丈，指责高梯城当初签合

同时没有对供应商进行风险评估。

问题前置：对方公司注销，没有取得发票，支出可在税前扣除

如果企业遇到对方公司注销却没有取得发票的情况，可以凭其他外部资料佐证支出的真实性，之后这笔支出就可以在企业所得税税前进行扣除。

以点带面：允许支出税前扣除的资料有哪些

根据《企业所得税税前扣除凭证管理办法》的规定，企业在补开、换开发票、其他外部凭证过程中，因对方注销、撤销、依法被吊销营业执照、被税务机关认定为非正常户等特殊原因，无法补开、换开发票或其他外部凭证的，凭以下资料证实支出真实性后，其支出允许税前扣除。

• 无法补开、换开发票或其他外部凭证原因的证明资料，如工商注销证明、机构撤销证明、非正常经营户证明、破产公告等。

• 相关业务活动的合同或协议，以证明业务的合法性和真实性。

• 采用非现金方式支付的付款凭证，如银行转账记录、支票复印件等，证明支付的真实性。

• 货物类，需要提供运输的证明资料，如运输合同、运输发票、物流单据等，证明货物的运输和交付情况；货物入库、出库内部凭证，如内部仓储单据、出库记录等，证明货物接收和发出的情况。

• 服务类，需要提供服务成果，如咨询服务报告、咨询记录或痕迹、项目验收单、技术服务报告、能够证明服务的证据链等，证明业务的真实性。

• 企业会计核算记录以及其他资料，如会计账簿、凭证、银行对账单等，证明支出的会计处理形式和真实性。

作者说：对方公司注销，换个公司开发票可以吗

在实操中，企业将货款或服务款项支付给 A 公司，后因某些原因，A 公司不再继续经营，其老板将 A 公司注销，又重新注册 B 公司，并协商由 B 公司继续向支付企业开具发票。

这种情况下，即使 A、B 两个公司有很强的关联关系（如法定代表人为同一人，投资人为同一人），也并不能将不同纳税主体及其纳税义务混同。企业从 A 公司购进货物，根据相关管理规定，应当由 A 公司开具发票并作为企业所得税税前扣除凭证；该业务与 B 公司无关，不应由 B 公司开具发票，B 公司在与企业没有业务的情况下开具发票的话，会涉嫌虚开发票。

如果业务真实，在 A 公司已经注销且未开具发票的情况下，可根据《企业所得税税前扣除凭证管理办法》规定，企业凭相关资料证实支出的真实性，并在企业所得税税前扣除，无需取得发票作为企业所得税税前扣除凭证。需要注意的是，凭其他资料入账时，支出金额可在企业所得税税前扣除，但不可抵扣增值税进项税额。

51. 餐费能在企业所得税税前扣除吗

高梯城这个月又拿了很多餐费发票到公司报销，其中有招待客户的餐费发票，还有销售部门员工聚餐的餐费发票，这让古智压力倍增。

虽然之前有过这种情况，并且也按照公司流程报销了，但是如果高梯城每个月都拿这么多的餐费发票来报销的话，最后业务招待费肯定会超标。业务招待费超标，就会直接影响企业所得税的金额。

于是古智找毕程宫汇报了这件事，毕程宫知道后，叫来高梯城与古智沟通。高梯城心里很不开心，说公司有聚餐费报销的标准，也有招待费报

销的标准，自己并没有超标，为什么不能报销！

古智解释说这属于账务问题，但高梯城并不想理会，气愤地表示账务是财务要管的事，不能和业务混为一谈。

问题前置：餐费根据不同的受益对象计入不同的科目

企业的餐费报销应根据受益对象进行分类，分别计入不同的会计科目，而不是所有的餐费都计入业务招待费中。

以点带面：餐费可以计入哪些会计科目

1. 业务招待费。企业招待客户发生的餐费属于业务招待费，按照发生额的 60% 扣除，但最高不能超过当年营业收入的 5‰，在企业所得税税前扣除。

借：管理费用/销售费用——业务招待费
　　贷：银行存款/库存现金/其他应收款/其他应付款

2. 开办费。企业筹建过程中发生的餐费属于开办费，按照实际发生金额的 60% 在企业所得税税前扣除，总额度不受收入的限制。

借：长期待摊费用/管理费用——开办费
　　贷：银行存款/库存现金/其他应收款/其他应付款

3. 福利费。企业员工聚餐过程中发生的餐费属于福利费，允许按照工资总额的 14% 在企业所得税税前扣除。

借：管理费用/销售费用——福利费
　　贷：应付职工薪酬——福利费

借：应付职工薪酬——福利费
　　贷：银行存款/库存现金

4. 差旅费。员工出差过程中发生的符合标准的餐费属于差旅费，允许全部在企业所得税税前扣除。

借：管理费用／销售费用——差旅费

贷：银行存款／库存现金／其他应收款／其他应付款

5. 业务宣传费。企业在销售业务洽谈会、展览会过程中发生的餐费属于业务宣传费，允许按照营业收入总额的 15% 在企业所得税税前扣除。

借：销售费用——业务宣传费

贷：银行存款／库存现金

6. 职工教育经费。企业员工岗位技能培训过程中发生的餐费属于职工教育经费，允许按照工资薪金总额的 8% 在企业所得税税前扣除，超过部分，准予在以后纳税年度结转扣除。

借：管理费用／销售费用——职工教育经费

贷：应付职工薪酬——职工教育经费

借：应付职工薪酬——职工教育经费

贷：银行存款／库存现金

7. 会议费。企业召开市场会议过程中发生的餐费属于会议费，允许全部在企业所得税税前扣除。需要注意的是，会议费报销不但需要餐饮发票，还需要提供与会议相关的、可以证明会议费真实性的资料，如会议通知（包含：会议时间、会议安排、会议内容、会议标准等）、会议记录等资料。

借：管理费用／销售费用——会议费

贷：银行存款／库存现金

8. 董事会费。企业召开董事会过程中发生的餐费属于董事会费，允许全额在企业所得税税前扣除。

借：管理费用——董事会费

贷：银行存款／库存现金

9. 主营业务成本。一些特定的行业，餐费和收入直接挂钩，在生产活动中所使用的生产要素，计入主营业务成本，允许全额在企业所得税税前扣除。比如，影视行业，摄制组在拍摄期间必须支出的包括演职员的工作餐费和道具费；旅游行业，在旅游过程中发生的就餐费；航空行业，公务机飞行中的餐食费；等等。

　　借：主营业务成本
　　　　贷：银行存款/库存现金

作者说：如何充分利用业务招待费

　　如前所述，企业发生与生产经营相关的业务招待费支出，按照发生额的60%扣除，但最高不得超过当年营业收入的5‰。当业务招待费发生额的60%与营业收入的5‰相等时，企业就能将业务招待费用到极致。

　　举个例子，假设某企业营业收入为X，业务招待费为Y，税前允许扣除的金额＝Y×60%，且小于等于X×5‰。当Y＝(X×5‰)÷60%＝X×8.33‰，即当业务招待费等于营业收入的8.33‰时，企业就把业务招待费用到极致了。

52. 私车公用有哪些注意事项

　　毕程宫每个月的加油费用都很高，他听说如果将车租给公司，便可以报销加油费，并且还可以拿到一笔租金，简直两全其美。

　　于是毕程宫找来古智，说明了自己的想法。古智表示可以这样做，但是要按财产租赁所得缴纳个人所得税，税率是20%。毕程宫一听要缴纳如此高的个人所得税，犹豫起来。他百思不得其解：既然税率这么高，为什么还有很多老板愿意把车租给公司呢？

💰 问题前置：财产租赁所得有扣除标准

财产租赁所得的个人所得税按次计征，以一个月内获得的租金为一次。每次收入不超过 4,000 元的，应纳税所得额 = 每次收入 – 800 元；每次收入在 4,000 元以上的，应纳税所得额 = 每次收入 × (1 – 20%)。

💰 以点带面：私车公用有哪些注意事项

私车公用是很多企业存在的现象。有的企业直接发放费用补贴，需将其计入员工工资薪金所得计算个人所得税；有的企业凭发票报销，就需要签订私车公用协议作为费用报销的依据。私车公用应注意以下几个问题。

• 私车公用协议中尽量避免约定"0"租金，可以根据车辆性能、档次等，约定不同层级的租金，租金要参照市场价格合理确定，过低或过高都是不合理的。

• 涉及私车公用的车主个人要到税务部门代开租赁发票，按"有形动产租赁"行为缴纳增值税，各地具体要求不同，需咨询当地税务部门。

• 个人出租车辆，企业在向个人支付租金时，按"财产租赁所得"计算，适用 20% 的税率代扣代缴个人所得税。

• 允许税前扣除的费用包括加油费、过路过桥费、修理费、停车费等。

• 不允许税前扣除的费用包括车船税、车辆购置税、年检费、保险费、折旧费等，这些都是与车辆所有权有关的费用。

• 私车公用协议中应明确租赁期限、租赁费用支付方式、租金计算方式等条款，确保协议内容的明确性和可执行性。

• 企业应妥善保存私车公用协议及相关支付凭证，以备税务机关查验。

企业应关注税收政策的变化，及时调整私车公用协议，以确保合规。私车公用协议签订后，企业应定期评估协议的执行情况，如发现协议内容不适应实际情况，应及时修改。

作者说：私车公用的车辆费用税前扣除解决方式

企业账面上没有车辆，员工个人的车很多情况下为企业经营而使用，因此企业可能存在私车公用现象。如何解决员工个人名下的车辆因公发生的车辆费用税前扣除问题？

• 采取发放车辆补贴的形式。车辆补贴计入工资薪金中，可以税前扣除，但是需要按照工资薪金所得扣缴个人所得税。

• 不签订租车协议，直接采取拿票报销的方式将车辆费用计入福利费。福利费的扣除比例为实发工资总额的14%，超出部分需要纳税调增。另外，这部分福利费需要合并到工资薪金里申报个人所得税。

• 企业内部制定完善的报销制度，实报实销，报销单据需注明用车时间、用途、里程数等必要事项。市内用车费计入交通费，差旅用车费计入差旅费。

• 利用互联网租车平台还原真实车辆场景和运行轨迹，实现真实的租车服务外包。

53. 一般纳税人可以转登记为小规模纳税人吗

毕程宫的公司今年的业绩直线下滑，年销售额减半，这让他十分苦恼。更令他烦心的是，自己的公司是一般纳税人，可是他的供应商和客户都是小规模纳税人，公司收到的都是普通发票，客户那边也不需要开专用发票，因此自己公司的税负特别重。

这天毕程宫找来古智，询问她有什么解决办法。古智还真给他出了个主意：既然公司的上下游都是小规模纳税人，那把公司转登记为小规模纳税人不就行了。毕程宫恍然大悟，确实，这样问题就迎刃而解了。于是毕程宫让古智赶快去办理。

谁知古智却被告知：一般纳税人不能转登记为小规模纳税人。

问题前置：一般纳税人转登记为小规模纳税人的政策没有延续

一般纳税人符合条件的，在2020年12月31日前，可选择转登记为小规模纳税人。2021年1月1日之后该政策并未延续，相关的新政策也没有出台，所以目前一般纳税人无法转登记为小规模纳税人。

以点带面：小规模纳税人要充分了解销售额范围的确定

既然一般纳税人目前无法转登记为小规模纳税人，那么小规模纳税人一定要充分了解销售额范围的确定，避免后续因这个问题造成各种麻烦。

销售额范围的确定需要把握以下几点：

• 连续12个月或4个季度营业期内累计销售额不超500万元。12个月或4个季度是滚动计算的，而且是连续不间断的。例如，2023年2月到2024年1月或2023年2季度到2024年1季度，而不是自然年度的1月1日至12月31日。

• 累计应征增值税的销售额包括纳税申报销售额、稽查查补销售额、纳税评估调整销售额。

• 有扣除项目的纳税人，其应税行为年应税销售额按未扣除项目的销售额计算。例如，采用差额计税的旅行社，收款金额是10,000元，其中9,000元是对应的交通费、住宿费、景点门票等，用差额1,000元计算税款。但统计年应税销售额时，需要用差额前的10,000元作为应征增值税销售额。

• 纳税人偶然发生的销售无形资产、转让不动产的销售额，不计入年应税销售额。

🅢 作者说：小规模纳税人不要急于转登记为一般纳税人

因为一些项目要求供应商必须是一般纳税人，所以一般纳税人企业在投标过程中会更有优势。但更改纳税人身份是一个不可逆的过程，还有其他一些方面的内容需要小规模纳税人考虑。

- 一般纳税人的税率更高，小规模纳税人的征收率为3%、5%，一般纳税人的税率为6%、9%、13%。
- 成为一般纳税人后，税务申报和管理的复杂程度会增加，需要遵守更多的税务规定。
- 如果没有足够的进项税发票来抵扣，一般纳税人的税负率会更高。

综合考虑各种因素后，小规模纳税人再决定是否转登记为一般纳税人。

54. 企业长期向股东借款的风险有哪些

公司的很多业务都由毕程宫直接负责，毕程宫与客户之间形成了一种默契，客户把钱转到毕程宫的个人账户上，不需要公司开具发票，毕程宫也可以给出比较低的价格。

这也让公司的对公账户上一直没钱，为了支付房租和员工工资，公司每月总是要向毕程宫"借钱"。一段时间后，公司账上的其他应付款金额越来越大。古智害怕会有风险，便和毕程宫说不能这样操作。但是毕程宫根本不当一回事。

🅢 问题前置：企业长期向股东借款的风险

企业长期向股东借款，账上其他应付款金额过大，有可能存在个人账户收款、账外经营、隐匿收入的风险。

以点带面：如何解决企业向股东借款的问题

企业向股东借款的问题，可以通过以下方式解决。

• 企业成立五年内，注册资本金必须完成实缴。股东可以先将注册资本按照经营需要分次缴足后，再考虑借款给企业。这样，不仅可以避免企业破产时给股东带来补齐注册资本金的压力，也能解决企业支付利息的困扰。

• 企业注册资本已经到位，但由于注册资本过低，不能满足企业经营需要。这时，股东可以向企业增资，之后再调整还款，以此来解决账目上借款金额过大的历史问题。

• 股东以个人存单作为质押，向银行贷款。借款人为企业，银行向企业收取贷款利息。股东继续获得存单利息，企业向银行支付的利息金额可以抵扣企业所得税。

• 股东将个人的资产抵押给银行，银行向企业发放贷款，也可以避免股东直接借款给企业的问题。

作者说：企业向个人有偿借款应注意的问题

企业向个人股东和自然人有偿借款时，应注意以下问题。

1. 借款合同的签订。企业与个人之间的借款应当签订书面借款合同，合同中应明确借款的用途、金额、期限和利率等关键条款。

2. 利息发票的开具。个人向企业提供借款并收取利息时，企业支付的利息支出需要取得合法的发票。个人作为借款人，应当去税务局代开利息发票。

3. 利率水平的合规性。企业向个人借款的利率水平，不能高于同期同类银行贷款利率。如有超过银行贷款利率的部分，其利息支出将无法在企业所得税前进行抵扣。

4. 关联方借款的税前扣除问题。判断借款人是否为企业的关联方，如果是股东借款给企业，应注意关联债资比限制，金融企业为 5∶1，其他企业为 2∶1。超出部分的利息支出无法在税前扣除。

5. 代扣代缴个人所得税。当企业向个人支付借款利息时，企业作为支付方，有责任在支付利息时代扣代缴相应的个人所得税。

55. 股东从企业借款有什么风险

毕程宫注册公司的时候，注册资本认缴 100 万元，并且很快就完成了实缴。之后毕程宫每次需要用钱的时候，就从公司借款。毕程宫发现，这种方法既实缴了注册资本，钱又回到了自己的兜里，真是太完美了！

年底前，古智催毕程宫将钱还回公司。毕程宫敷衍地表示过两个月再还，但是古智明确说一定要在年底前还，否则就要缴纳个人所得税了。毕程宫对此十分不满，认为古智过于紧张。

问题前置：股东从企业借款未用于生产经营的款项年底需归还

如前所述，纳税年度内个人投资者从其投资企业（个人独资企业、合伙企业除外）借款，在该纳税年度终了后既不归还，又未用于企业生产经营的，其未归还的借款可视为企业对个人投资者的红利分配，依照"利息、股息、红利所得"项目计征个人所得税。所以，股东从企业借款后，最好在该年年底前把借款归还给企业。

以点带面：股东从企业借款应注意哪些问题

股东从企业借款是实践中一种常见的行为，但在操作过程中需要注意以下问题，以确保合规性和避免潜在的税务风险。

1. 避免长期挂账。股东个人的其他应收款在企业账面上不宜长期挂账，长期挂账可能会被视为股东从企业提取资金，从而产生涉税风险。

2. 及时还款。如果股东打算从企业借款，那么我的建议是尽早还款，而且还款的时间最好不超过当年的 12 月 31 日。如果借款在年末仍未归还，可能会被视为对股东的红利分配，从而产生涉税风险。

3. 个人所得税问题。股东用于个人用途的借款长期不还，会被视为企业对个人投资者的红利分配，按照"利息、股息、红利"所得计征个人所得税。而企业员工从企业借款未还，则按照"工资、薪金"所得计征个人所得税。

作者说：股东一定要注意还款日期

有些股东误认为企业是自己的，账上的钱理所当然也是自己的，可以随便支取，却没意识到隐藏在借款背后的风险。实际上，股东借款必须在当年 12 月 31 日前归还，否则会产生税金及罚款。如果股东借款长期未还或还款日期超过借款发生的纳税年度，可能会被追缴少扣缴税款 50% 的罚款。比如，股东借了 100 万元，如果违规未还，就可能被追缴 20 万元的个人所得税和 10 万元的罚款。

股东从企业借款可能还会承担连带责任。企业具有独立的法人地位，企业资产不是个人财产，股东借款就是股东欠企业的钱。如果企业资不抵债，本来股东只以注册资本为限对企业债务承担责任，但如果股东有从企业借款未还，那么还需要先还清借款。另外，股东随便从企业借款的行为，还可能被认定为个人资产与企业财产混同。所以，股东从企业借款时间尽量不要超过一年，以免产生不必要的麻烦。

56. 个人代开发票可以享受小规模纳税人的税收优惠政策吗

毕程宫不久前想将自己的车辆租给公司，便找来古智询问具体的办理方法和需要缴纳的税费。古智表示租金月度不超过 10 万元，个人不需要缴纳增值税，只缴纳个人所得税。毕程宫听后更加高兴，让古智加急办理。

一切办理完毕，古智便到税务局代开发票，却被当场要求缴纳增值税。古智回公司的路上忐忑不安，见到毕程宫只能一五一十地说明情况，还要毕程宫将增值税的税款补上。毕程宫听后十分生气，痛骂古智太不专业！

💰 问题前置：个人代开发票要区分按期还是按次开具

一般情况下，个人去税务局代开发票时，税务局会根据代开事项进行区分，看是按期开具还是按次开具。其中，按次开具的不可享受小规模纳税人增值税优惠政策；按期开具的可以同小规模纳税人一样，享受同等优惠。

💰 以点带面：个人代开增值税普通发票无需预缴增值税的情形

个人代开增值税普通发票无需预缴增值税的常见情形有以下三种。

1. **个人办理临时税务登记**。个人办理临时税务登记，视同小规模纳税人，可以享受月度销售额不超过 10 万元免增值税的政策。

2. **个人出租住房**，应按照 5% 的征收率减按 1.5% 计算缴纳增值税。计算公式为：应纳税款 = 含税销售额 ÷（1 + 5%）× 1.5%。其他个人采取一次性收取租金形式出租不动产取得的租金收入，可在对应的租赁期内平均分摊，分摊后的月租金收入未超过10万元的，免征增值税。

3. 自然人按次代开时销售额未达500元，免征增值税。 自然人、未办理税务登记或临时税务登记的小规模纳税人，除特殊规定外，执行按次纳税的起征点有关规定，每次销售额未达到500元的免征增值税。

作者说：什么是自然人代开发票

自然人代开发票是指，个人与企业发生业务往来（比如个人为企业提供服务或者个人向企业出售商品），个人需要向企业提供对应的发票。由于个人名下没有企业，需要申请由税务机关代开发票提供给企业，发票为增值税普通发票。

目前，自然人代开发票方式主要包括两种，分别是邮政代开和大厅代开。二者均符合国家政策规定，都是合法合规的行为。

正常情况下，自然人代开发票需要企业代扣代缴个人所得税，年终需要将四项综合所得金额合并，进行汇算清缴。在有税收优惠政策的园区内，当地的税务局代开发票，可以按"经营所得"类目核定征收个人所得税。发票开具后，现场直接缴纳个人所得税，税务局出具完税证明，不涉及个人所得税的汇算清缴。

自然人名下有企业的，或自然人是军人、教师、医生、公务员等身份敏感职业的，不可自然人代开发票。自然人代开发票同样需要注意业务的真实性，没有业务的自然人代开发票的，会涉嫌虚开发票。

Part 4

纳税筹划

纳税筹划是企业经营管理活动中非常重要的一环，它能够有效降低企业的税收负担，提高企业的经济效益。企业要及时了解相关政策和法规，并根据实际情况，制定适合自己的方案。只有在不断学习和实践中积累经验，才能更好地实现减轻税负、提高经济效益的目标。

在这一部分中，我分别对增值税、个人所得税、企业所得税列举了相关案例，通过事前改变交易模式、业务拆分、充分享受税收优惠政策等，有效降低企业税收负担，避免多缴无用税款。纳税筹划在一定程度上可以促进企业加强经营管理、财务管理能力，提高企业竞争力。

第8章
增值税筹划技巧

57. 如何合理拆分业务，享受优惠政策

毕程宫有一家身份为一般纳税人的销售公司，一年销售收入有 3,000 万元，可取得增值税专用发票的成本只有 1,500 万元左右。这家公司税负高的原因有两点：第一，进项税额不足；第二，部分客户是小规模纳税人，不需要开具增值税专用发票。

所以，公司给客户开具的大多是增值税普通发票，不能用征收率。导致一年下来公司的收入挺高，税款也缴纳了不少。

问题前置：进项税额不足，导致税负率高

在讲下面的内容之前，让我们先回顾一下计算增值税额的方法。一般纳税人，用销项税额减进项税额后的余额计算需要缴纳的增值税额；小规模纳税人，用不含税销售额乘以征收率来计算需要缴纳的增值税额。

以上面的故事为例。毕程宫的公司目前的状况是，一年 3,000 万元的销售收入都需要按照 13% 的税率来计算销项税额，只有 1,500 万元的成本乘以对应的税率后，可以抵减进项税额。如果公司能将不同业务拆分出来，成立独立的公司，那么有可能实现节税，进而使公司利益最大化。

纳税人在遵守国家法律和税收法规的前提下，在多种纳税方案中，可以选择税收利益最大化方案。因此，毕程宫可以根据公司实际业务情况，再成立两个公司。假设其中一个是一般纳税人，年销售额为 2,100 万元，而新成立的两个公司登记为小规模纳税人，年销售额分别为 450 万元即可。

以点带面：合理拆分业务，减少增值税纳税额

拆分业务前，该公司年销售额 3,000 万元，年应缴增值税为 195 万元。具体计算过程是：$3,000 \times 13\% - 1,500 \times 13\% = 195$（万元）。

拆分业务后，该公司年销售额同样是 3,000 万元，年应缴增值税为 105 万元。具体计算过程是：$2,100 \times 13\% - 1,500 \times 13\% + 450 \times 3\% \times 2 = 105$（万元）。

可以看出，合理拆分业务后，该公司增值税纳税额大幅度减少，减少额达到 90 万元。

作者说：根据业务模式及客户需求合理规划企业业务

通过合理的财务安排和业务结构设计，可以有效降低税负，提高企业的经济效益。

1. 业务模式与纳税身份的匹配。小规模纳税人的进项税额不能抵扣，但征收率相对较低，进项税额较小或者没有足够进项税额抵扣业务的企业，可以选择归入小规模纳税人。一般纳税人可以开具增值税专用发票，进项税额可以抵扣，但税率较高。进项税额较大，且有较多可抵扣进项税额业务的企业，归入一般纳税人更为合适。

2. 客户需求与发票类型的匹配。对于客户要求提供增值税专用发票，有进项税额抵扣需求的业务，可选择一般纳税人企业承接。对于客户不需要增值税专用发票的业务，或者企业预计难以取得足够进项税额进行抵扣，可以选择小规模纳税人企业承接。

3. 一拖一或拖二的方式。一拖一或拖二，即一个一般纳税人企业带动一个或多个小规模纳税人企业。根据不同的客户和业务模式各自匹配一部分业务，以达到纳税筹划的效果。在进行拆分时，切记要遵守国家相关法律法规，不能存侥幸心理。

58. 如何计算报价临界点，合理选择供应商

毕程宫的一家一般纳税人企业，近期在采购时遇到了一个问题，两家不同纳税身份的供应商给出了不同的报价。

一家供应商为一般纳税人，产品含税价为 12 元/件，开具增值税专用发票；一家供应商为小规模纳税人，产品含税价为 9 元/件，开具增值税普通发票。毕程宫的这家企业需要采购大约 20 万件产品。

毕程宫找来古智，帮忙核算采购价格，看选择哪家供应商合适。古智表示最好选择一般纳税人，可以抵扣进项税额，对企业来说更划算。

问题前置：确定折扣率和报价临界点

正因为一般纳税人与小规模纳税人之间存在税收抵扣差异，所以为了弥补差异带来的损失，一般情况下，进货方会要求小规模纳税人供应商在报价上给予一定程度的折让。

那么，要多大的折扣力度才能弥补抵扣税额的损失呢？

在不考虑附加税的情况下，当开具增值税普通发票的小规模纳税人供应商的报价为一般纳税人供应商报价的 88.5%〔1/（1+13%）×100% ≈ 88.5%〕时，两个渠道进货的成本是相等的。

所以，当小规模纳税人供应商给出的报价折扣率大于 88.5% 时，企业应选择一般纳税人供应商；当报价折扣率小于 88.5% 时，企业选择小规模纳税人供应商更有利。

对于毕程宫的企业而言，小规模纳税人供应商报价为 9 元/件，一般纳税人供应商报价为 12 元/件，折扣率 = 9/12 × 100% = 75%，小于 88.5%，所以企业应该选择小规模纳税人供应商。

以点带面：剔除可抵扣进项税额，计算采购净成本

如果从一般纳税人供应商进货，净成本为212.39万元。具体计算过程是：12×20/（1+13%）≈212.39（万元）。

如果从小规模纳税人供应商进货，净成本为180万元。具体计算过程是：9×20=180（万元）。

从结果来看，毕程官的公司从小规模纳税人供应商进货的净成本，明显低于从一般纳税人供应商进货的净成本，所以选择小规模纳税人供应商更合适。

作者说：不同税率的折扣率与报价临界点的确定

根据上述案例得出的数据可以推算出，当一般纳税人税率为13%时，小规模纳税人提供增值税普通发票的折扣率是88.5%〔1/（1+13%）×100%≈88.5%〕，不提供发票的折扣率是66.38%〔88.5%×（1-25%）≈66.38%〕。

当一般纳税人税率为9%时，小规模纳税人提供增值税普通发票的折扣率是91.74%〔1/（1+9%）×100%≈91.74%〕，不提供发票的折扣率是68.81%〔91.74%×（1-25%）≈68.81%〕。

当一般纳税人税率为6%时，小规模纳税人提供增值税普通发票的折扣率是94.34%〔1/（1+6%）×100%≈94.34%〕，不提供发票的折扣率是70.76%〔94.34%×（1-25%）≈70.76%〕。

59. 如何安排开票时间，合理缴纳税款

2023年3月31日，高梯城接到客户电话，得知对方公司最近几天要支付给他们公司1,000万元采购款，要求高梯城先开具发票，对方公司收

到发票后三天内安排付款。

高梯城赶忙找到古智，跟古智说明情况并要求尽快开具发票。古智当天就把发票开了出来，并交给高梯城。古智还在为自己工作效率高而窃喜时，殊不知这个做法让公司丢了一笔"无息贷款"。

问题前置：月初开具发票，月末取得发票

增值税纳税期限为一个月，期满之日起15日内申报纳税。古智3月31日开具的1,000万元发票，必须在4月15日前申报纳税。如果开发票的时间推迟一天，到4月1日开具发票，那么申报纳税的时间就是5月15日前，整整推迟了一个月。

所以，增值税专用发票开具或取得时间的总原则是：月初开具发票，月末取得发票。企业可以学会合法打时间差，企业效益自然就体现出来了。

以点带面：开票时间影响增值税纳税时间

如果3月31日开具1,000万元发票，4月15日前需要申报缴纳的增值税为115.04万元。具体计算方式是：1,000/（1＋13%）×13%≈115.04（万元）。

如果4月1日开具发票，5月15日前需要申报缴纳的增值税也是115.04万元。具体计算方式同上。

虽然开票时间不影响公司缴纳增值税的税额，但不同的开票时间会直接影响公司缴纳税款的时间。古智如果晚一天开票，公司就可获得时长为1个月的115.04万元的"无息贷款"。

作者说：增值税纳税义务发生时间的界定

纳税人发生销售货物或者加工、修理修配劳务，销售服务、无形资

产、不动产的应税销售行为,先开具增值税发票的,增值税纳税义务发生时间为开具发票当天。

对于先开票后付款的情形,企业一定要注意,合理把握好发票的开具时间。

60. 为什么有些企业要放弃免税权

毕程宫的一家图书销售公司,前期一直以销售新书为主,近半年新增了古旧图书销售业务。古旧图书销售虽然是免征增值税的,但毕程宫却发现,公司增加古旧图书销售业务后,增值税的税负率有所上升。

他找来古智询问具体原因,古智解释说:"由于销售古旧图书是免税项目,所以跟古旧图书相关的进项税额是无法抵扣的,比如运输古旧图书的进项税额就无法抵扣。"

为了增加说服力,古智统计了公司某个月的纳税情况。其中,新书销售额是1,000万元,免税销售额是200万元。当月取得进项税额总共80万元,无法划分的进项税额有50万元,用于免税项目的进项税额有30万元。也就是说,有大约38万元的进项税额是无法进行抵扣的。

毕程宫还在琢磨古智的话,古智又说:"要不咱们公司放弃免税权吧,这样税负率会变低。"毕程宫总觉得古智的计算有问题,但又不明白问题具体出在哪儿。

问题前置:免税项目不得抵扣进项税额

用于免征增值税项目的进项税额不得从销项税额中抵扣;兼营减免税项目而无法划分不得抵扣的进项税额,按照下列公式计算:不得抵扣的进项税额 = 当期无法划分的全部进项税额 × (当期简易计税方法计税项目销售额＋免征增值税项目销售额）÷当期全部销售额。

一般情况下，当不可抵扣的进项税额大于放弃免税权后的应纳税额时，企业可以考虑放弃免税权。

以点带面：放弃免税权更划算

享受免税权：当月应交增值税为 88.33 万元。具体计算过程是：销项税额 = 1,000 × 13% = 130（万元），可抵扣进项税额 = 50 ÷（1,000 + 200）× 1,000 ≈ 41.67（万元），应交增值税 = 130 – 41.67 = 88.33（万元）。

放弃免税权：当月应交增值税为 76 万元。具体计算过程是：销项税额 =（1,000 + 200）× 13% = 156（万元），可抵扣进项税额为 80 万元，应交增值税 = 156 – 80 = 76（万元）。

计算结果证明，放弃免税权后公司的增值税税负率会降低，增值税减少额能达到 12.33 万元。

作者说：享受增值税免税政策的弊端有哪些

企业享受增值税免税政策，有可能会割裂上下游企业之间的增值税抵扣链条，导致重复征税，影响正常市场机制。另外，免税收入只能开具增值税普通发票，企业没有竞争力，可能影响企业产品的销售价格和销售数量。

免增值税是指企业不缴纳销项税额，不抵扣进项税额。造成企业承担了进项税额，却无法抵扣。当进项税额很大时，对企业来说就会不划算。

因此，一般纳税人存在免税收入时，需要根据具体情况和不同政策情况进行详细计算，择优选择。

61. 促销方式会影响增值税税额吗

毕程宫的空调销售公司准备在公司成立一周年时举办一场大型促销活动，暂定三种促销方案，分别是消费满3,000元打7折、消费满3,000元送价值900元的商品和消费满3,000元返还现金900元。

高梯城建议用第二种方案，他认为另两种方案最终公司的卖价都是一样的，但对消费者来说，心理感受还是有一定差异的，满3,000元送价值900元的商品的冲击力更大。

古智则认为满3,000元返还现金900元更佳，因为返的900元还可以促进消费者二次消费，有效提高公司销售业绩。

毕程宫感觉两人说的都有一定道理，决定再从税负角度考虑一下哪种方案更合适。

问题前置：不同促销方式直接影响增值税税额

企业促销手段多种多样，例如打折、买送、满赠、捆绑销售等。对于消费者，不论打折或买赠，都是商品降价的信息，但对于企业，这里面的区别就大了。不同的促销方式，需要缴纳的增值税是不同的，合理选择促销方式，可以有效减轻企业增值税税负。

从增值税的角度考虑，无偿赠送行为在特定情况下需要视同销售行为征收增值税。比如，在原数量、价格的基础上赠送商品进行促销，则该赠送的商品就需要缴纳增值税。

以点带面：直接打折的税负最轻

满3,000元打7折：消费者购买产品价值满3,000元的，按7折出售。折扣额与销售额在同一张发票上分别注明的,可按折扣后的余额作为销售额计算增值税,增值税销项税额为241.59元。具体计算过程是:3,000×70%÷(1+13%)×13%≈241.59(元)。

满3,000元送900元:消费者购买产品价值满3,000元的,赠送价值900元的商品,赠送行为在增值税上要视同销售,增值税销项税额为448.67元。具体计算过程是:(3,000+900)÷(1+13%)×13%≈448.67(元)。

满3,000元返900元:消费者购买产品价值满3,000元的,返还现金900元,增值税销项税额为345.13元。具体计算过程是:3,000÷(1+13%)×13%≈345.13(元)。

由此可见,满3,000元打7折的增值税税负最轻。因此不同的促销方式,会直接影响增值税的销项税额。

作者说:采取以旧换新方式销售货物的增值税处理方法

一般货物的以旧换新业务,应该以新货物在同时期的销售价格确定销售额。如果企业能够获得旧货物的增值税专用发票,则以增值税专用发票上旧货物的税额作为进项税额,并可以以此进行抵扣。如果没有获得旧货物的增值税专用发票,则不允许抵扣进项税额。

采取以旧换新方式销售一般货物的,不得扣减旧货物的收购价格。也就是说,以旧换新要按照销售货物和收购货物两个业务活动来进行核算,销售额和收购额不能相互抵减。

金银首饰以旧换新的,可以按照销售方收取的不含增值税的全部价款征收增值税。因为金银首饰在回收后重新加工,并再次出售,此时不会发生少缴税的情况。

62. 业务剥离有什么好处

毕程宫的板材制品公司是一般纳税人，年收入有1,000万元。这家公司的业务收入主要包括两个板块：一是板材制品的销售收入，有700万元；二是安装服务收入，有300万元。全年的进项税额有60万元，主要是购买原材料产生的。

因为安装服务的主要成本都是人工支出，不但无法抵扣进项税额，而且开具发票时还要使用13%的税率，所以导致公司增值税税负率比较高。

毕程宫为此多次跟古智沟通税费问题，古智都表示无计可施。

问题前置：混合销售适用税率按照主业税率确定

混合销售行为是指销售货物与提供服务由同一纳税人实现，价款从同一个购买方获得的行为。一般纳税人混合销售适用税率按照主业税率确定。

毕程宫的板材制品公司销售板材制品并提供安装服务，属于混合销售，用销售板材制品这一主业务的税率来确定税率，销售板材制品和安装服务都要用13%的税率开具增值税发票。

针对该公司实际情况，建议把安装业务单独剥离出来。由于安装业务年销售额低于500万元，可以成立小规模纳税人公司，用征收率3%开具增值税发票并缴纳增值税，从而减轻公司整体税负。

以点带面：业务剥离后增值税减少

业务剥离前，按混合销售行为需缴纳增值税70万元。具体计算过程是：1,000 × 13% – 60 = 70（万元）。

业务剥离后，分别核算完需缴纳增值税 40 万元。具体计算过程是：700×13% – 60 + 300×3% = 40（万元）。

通过计算可以看出，进行业务剥离后，公司缴纳的增值税明显减少。

作者说：混合销售的例外情形

一般纳税人销售活动板房、钢结构件等自产货物的同时提供建筑、安装服务，应分别核算货物和建筑服务的销售额，分别适用不同的税率开具发票。即自产货物和建筑安装服务的销售额，应分别核算税率分别适用 13% 和 9%。

一般纳税人销售自产机器设备的同时提供安装服务应分别核算机器设备和安装服务的销售额，安装服务可以按照甲供工程选择适用简易计税方法计税。即安装服务的销售额可以选择按 9% 或 3% 计税。

一般纳税人销售外购机器设备的同时提供安装服务，如果已经按照兼营有关规定，分别核算机器设备和安装服务的销售额，安装服务可以按照甲供工程选择适用简易计税方法计税。即分别核算的，分别适用 13% 和 3%，或分别适用 13% 和 9% 计税；未分别核算的，按照主业适用税率计税。

63. 运输方式不同，税收负担也不同吗

毕程宫的板材制品公司最近又遇到一个棘手的问题，销售产品后需送货上门。送货服务有三种方式：一是公司自身设立专门的运输团队送货；二是把运输业务外包，通过专门的运输公司完成送货服务；三也是找专门的运输公司送货，但用代垫运费的方式完成。

公司全年销售板材制品收入为 5,000 万元，进货成本为 4,000 万元，

送货上门产生的运费为 200 万元。毕程宫想知道,用哪种方式送货对公司更有利。

问题前置:运输方式不同,税收负担也不同

不同的送货服务方式,给公司带来的税负是大不相同的。下面还是以毕程宫的公司为例进行说明。

方式一,公司自身设立专门的运输团队送货。在销售产品后,为同一产品提供送货服务产生的运输服务费是价外费用,需要按主营业务确定税率并缴纳增值税。

方式二,把运输业务外包,通过专门的运输公司完成送货服务。从运输公司收到的增值税专用发票可以抵扣进项税额。

方式三,找专门的运输公司,但用代垫运费的方式完成。运输公司直接开发票给购买方。这种送货服务费不是价外费用,毕程宫的公司不需要缴纳增值税。

以点带面:通过计算税负来选择合适的运输方式

方式一,需缴纳增值税 156 万元。具体计算过程是:(5,000 + 200)× 13% – 4,000 × 13% = 156(万元)。

方式二,需缴纳增值税 138 万元。具体计算过程是:(5,000 + 200)× 13% – 4,000 × 13% – 200 × 9% = 138(万元)。

方式三,需缴纳增值税 130 万元。具体计算过程是:5,000 × 13% – 4,000 × 13% = 130(万元)。

经测算,毕程宫的公司应选择方式三,这种方式产生的税收负担最轻。

作者说：哪些代收代垫款项不用缴纳增值税

《中华人民共和国增值税暂行条例》（以下简称《增值税暂行条例》）第六条规定，（增值税）销售额为纳税人发生应税销售行为收取的全部价款和价外费用，但是不包括收取的销项税额。《中华人民共和国增值税暂行条例实施细则》（以下简称《增值税暂行条例实施细则》）对《增值税暂行条例》第六条第一款所称价外费用进行了明细列举，其中包括价外向购买方收取的代收款项、代垫款项等。

下列代收代垫款项不用缴纳增值税。

1.代收税费。

• 受托加工应征消费税的消费品所代收代缴的消费税。

• 销售货物（车辆）时，向购买方收取的代购买方缴纳的车辆购置税。

2.代收规费。

• 同时符合以下条件代为收取的政府性基金或者行政事业性收费：由国务院或者财政部批准设立的政府性基金，由国务院或者省级人民政府及其财政、价格主管部门批准设立的行政事业性收费；收取时开具省级以上财政部门印制的财政票据；所收款项全额上缴财政。

• 销售货物（车辆）时向购买方收取的代购买方缴纳的车辆牌照费。

• 房地产主管部门或者其指定机构、公积金管理中心、开发企业以及物业管理单位代收的住宅专项维修资金。

3.代收代垫费用。

• 同时符合以下条件的代垫运输费用：承运部门的运输费用发票开具给购买方的；纳税人将该项发票转交给购买方的。

• 销售货物的同时代办保险等而向购买方收取的保险费。

• 航空运输企业代收的机场建设费和代售其他航空运输企业客票而代收转付的价款。

4. 代购代销。

• 代购货物行为，同时具备以下条件的，不征收增值税：受托方不垫付资金；销货方将发票开具给委托方，并由受托方将该项发票转交给委托方；受托方按销售方实际收取的销售额和增值税额（如系代理进口货物则为海关代征的增值税额）与委托方结算货款，并另外收取手续费。

• 以委托方名义开具发票代委托方收取的款项。

64. 什么时候购进设备合适

年底将至，毕程宫要求古智完成其中一家生产公司的年度预算工作，需要包含各项税费金额。古智让各部门以预算收入为依据，预估了对应的成本、费用。另外，公司预计在明年采购一台价值 100 万元（不含税）的机器设备来扩大生产。毕程宫表示这台设备所需金额不小，采购时间越晚越好，但年底前必须完成采购。于是古智将这台设备的采购金额填在了预算表中的 11 月预算里。

古智将年度预算编制完成并上交，毕程宫查看时发现预算表中 10 月的销项税额为 100 万元，进项税额为 85 万元，应交增值税金额为 15 万元；11 月的销项税额为 80 万元，进项税额为 110 万元，应交增值税金额为 –30 万元。

古智向毕程宫建议，在 10 月购买设备，因为 10 月可以多抵扣 13 万元的增值税，对公司更有利，毕程宫表示认可。

问题前置：合理选择购进机器设备的时间

从 2009 年 1 月 1 日起，在全国范围内所有地区、所有行业的增值税一般纳税人都可以抵扣其新购入机器设备所含的增值税进项税额，未抵扣完的部分可以结转到下一期继续抵扣。当月取得的进项发票可以在当月抵扣或以后期间抵扣，但次月取得的进项发票不可在当期提前抵扣。

根据这条规定，建议公司在不影响正常经营的前提下，在合适的月份购进机器设备，以达到纳税筹划的目的。

以点带面：提前享受抵扣，获取收益

11月购进设备，10月应缴纳增值税15万元，具体计算过程是：100 – 85 = 15（万元）。11月应缴纳增值税 –30万元，具体计算过程是：80 – 110 = –30（万元）。11月不缴纳增值税，30万元的进项税额留待以后月份抵扣。

10月购进设备，10月应缴纳增值税2万元，具体计算过程是：100 – 85 – 100 × 13% = 2（万元）；11月应缴纳增值税 –17万元，具体计算过程是：80 –（110 – 100 × 13%）= –17（万元），11月不缴纳增值税，17万元的进项税额留待以后月份抵扣。

从整体来看，公司并没有少缴纳增值税，但是改变设备购买时间后，公司可以提前享受抵扣，10月少缴纳增值税13万元，相当于提前1个月获取收益。

作者说：当月收到的进项发票在申报期内可否抵扣

增值税纳税申报一般在次月15日前申报上个月的增值税，次月月初收到的进项发票无法在申报期内进行抵扣。

例如，企业在7月15日申报6月增值税，6月销项税额为10万元，进项税额为6万元，6月应交增值税4万元。企业在7月5日收到了一张增值税发票，进项税额为5万元。

那么，在7月15日申报增值税时，能否抵扣7月5日收到的进项发票呢？答案是不行。因为每个月底之前认证通过的发票才能抵扣当月进项税额，次月认证的只能次月抵扣。所以 7 月开的发票无法在 6 月 30 日之前认证。

65. 简易计税方法可以随便用吗

毕程宫的一家一般纳税人建筑公司，最近承揽了一个培训机构的装修改造工程。公司与对方公司签订了清包工合同，合同总价是 100 万元（不含税）。公司可取得相关辅料费用的增值税专用发票，金额为 20 万元（不含税），其他人工费用无法取得增值税专用发票。

毕程宫感觉有些不对劲，便找来古智询问："像这种工程业务，人工成本无法取得进项发票，就不能抵扣进项税额。有没有解决办法？"古智回答："如果公司是小规模纳税人，可以用征收率 3% 开具发票，就没有抵扣进项税额一说。但这家公司是一般纳税人，只能用税率 9% 开具发票，所以无论开哪种发票，都有销项税额，进项税额不能抵扣，只能缴税。"

问题前置：以清包工方式提供的建筑服务可以选择简易计税

建筑行业的一般纳税人，主要是按照一般计税方法计算缴纳增值税。在此前提下，一般纳税人以清包工方式提供的建筑服务，可以选择适用简易计税方法计税。

如果选择简易计税方法计税，则该项目本身所发生成本中的进项税额不可以抵扣；如果选择一般计税方法计税，则该项目本身所发生成本中的进项税额可以抵扣。

以点带面：用平衡点找差别

选择一般计税方法计税，需要缴纳增值税 6.4 万元。具体计算过程是：$100 \times 9\% - 20 \times 13\% = 6.4$（万元）。

选择简易计税方法计税，需要缴纳增值税 3 万元。具体计算过程是：$100 \times 3\% = 3$（万元）。选择简易计税方法计税，不可抵扣相关成本中的进项税额。

所以选择不同计税方法，结果大不相同。我们可以测算一个平衡点，假设企业的采购辅料含税价为 X 元，总工程含税价为 Y 元。当采购辅料含税价与总工程含税价的比值等于 46.43% 时，两种计税方法税负相同。

计算示例：

46.43% = 采购辅料含税价 / 总工程含税价，假设采购辅料含税价为 100 万元，总工程含税价为 220 万元。

如果选择简易计税方法，税负为 $220 \times 3\% = 6.6$（万元）。

如果选择一般计税方法，税负为 $220 \times 9\% - 100 \times 13\% = 6.8$（万元）。

当比值大于 46.43% 时，选择一般计税方法；当比值小于 46.43% 时，选择简易计税方法。

上述计算仅为简化示例，实际情况中，计算应当考虑更多的因素，如具体业务的税率、进项税额、其他成本和费用等。

作者说：增值税具有转嫁性，计税方式由买方说了算

增值税虽然是向企业主征收的，但企业主在销售商品时又通过价格将税收负担转嫁给下一生产流通环节，最后由消费者承担。

在买方市场的情况下，如果买方要求必须提供 9% 的增值税发票，那企业就必须选择一般计税方法，在报价时，按照 9% 加收增值税税额；如果选择简易计税方法，在报价时，按照 3% 加收增值税税额。也就是说，

合同价款是不变的，只是由于买方要求开具的发票不同，计税方法不同，最终买方承担的增值税税额也就不同。

增值税具有转嫁性，但很多企业的老板和财务人员对增值税了解不深，总是喜欢用价税合计的金额去谈业务。当能够提供不同发票的选项时，因为对计税方式不了解，就会导致应该由买方承担的增值税，并没有成功转嫁给买方，而是增加了自己企业的成本。

66. 为什么要业务拆分，进行独立核算

周末，毕程宫和几个朋友一边品茶，一边聊各自的生意情况。几个朋友突然想涉猎茶叶生意，开一家茶厂。

毕程宫对此很感兴趣，便提到目前自己经营的几家公司税负相对来说都比较重，不知道茶厂的税负情况怎么样。其中有个朋友目前正在经营一个规模不大的茶厂，他说目前遇到的最大困难就是税务问题，主要是可抵扣的进项税额比例太低了，很多采购业务无法取得增值税专用发票。例如，销售 500 万元（不含税）的茶叶，原材料可抵扣的进项税额也就 10 万元，其他水电费、办公费等进项税额有 8 万元。

问题前置：拆分业务独立核算，可享税收优惠

茶厂的整体税筹优化点在于可抵扣的进项税额太少。围绕进项税额这个优化点，我们可以考虑将茶厂的生产流程分为两个主要部分：茶叶的种植和生产（上游环节），以及茶叶的加工和销售（下游环节）。

1. 上游环节：茶叶的种植和生产。

在上游环节中，茶厂可以享受免税政策。根据现行的相关税法法规，农业生产者销售自产的农产品是免征增值税的。因此，茶厂可以将这部分

业务分离出来，独立核算，享受免税政策。

2. 下游环节：茶叶的加工和销售。

在下游环节中，茶厂可以将初制茶叶加工成成品茶叶后进行销售。茶厂在购买上游环节的初制茶叶时，可以按照规定的税率计算抵扣进项税额。假设初制茶叶的售价为400万元，茶厂在销售给加工茶叶厂或销售茶叶厂时，可以按照9%或10%的税率计算抵扣进项税额。

以点带面：计算抵扣时使用不同的扣除率

拆分业务独立核算前，应交增值税47万元。具体计算过程是：500×13% – 10 – 8 = 47（万元）。

拆分业务独立核算后，应交增值税17万元。具体计算过程是：500×13% – 400×10% – 8 = 17（万元）。如果纳税人购进农产品直接用于销售，按照9%的扣除率计算抵扣进项税额；若用于生产或者委托加工13%税率的农产品，按照10%的扣除率计算抵扣进项税额。

可见拆分业务独立核算后，茶厂取得了良好的收益，比独立核算前节省增值税达30万元。

作者说：哪些农产品可以免征增值税

根据相关法规，可以免征增值税的农产品包括以下三类。

1. 农业生产者销售的自产农产品。

2. 从事蔬菜批发、零售的纳税人销售的蔬菜。蔬菜是指可作副食的草本、木本植物，包括各种蔬菜、菌类植物和少数可作副食的木本植物。蔬菜的主要品种参照《蔬菜主要品种目录》执行。经挑选、清洗、切分、晾晒、包装、脱水、冷藏、冷冻等工序加工的蔬菜，仍然属于蔬菜的范围。

3. 从事农产品批发、零售的纳税人销售的部分鲜活肉蛋产品。免征增值税的鲜活肉产品，是指猪、牛、羊、鸡、鸭、鹅及其整块或者分割的鲜肉、冷藏或者冷冻肉，以及内脏、头、尾、骨、蹄、翅、爪等组织。

67. 只有独立的研发项目才能享受增值税优惠政策吗

高梯城准备签订一份技术合同，合同包含软件和硬件的综合解决方案，合同金额是 1,000 万元（不含税）。高梯城满心欢喜地开始合同审批流程。到毕程宫审批时，毕程宫让古智测算增值税。古智回复，这份合同除了硬件部分可以取得 10 万元的进项发票以外，软件部分都是人工成本，无法取得可抵扣的进项发票，这样算下来增值税有 120 万元。

毕程宫继续追问古智，软件行业是不是有税收优惠政策？古智回答，一般纳税人销售自行开发生产的软件，可以享受即征即退政策。但公司的这项业务中有软件外包的情况，也有买硬件的情况，就不能享受即征即退的优惠政策。

问题前置：一般纳税人销售自行开发生产的软件可享受即征即退政策

一般纳税人销售自行开发生产的软件产品按 13% 税率征收增值税后，对其增值税实际税负超过 3% 的部分实行即征即退政策。

对于提供软件、硬件综合服务或有部分研发外包的业务，企业想要享受即征即退政策，可以考虑将业务拆分到两个公司进行。A 公司作为贸易企业，负责整合软件产品和硬件服务，以及与终端客户的合同谈判和销售。B 公司作为研发中心，负责软件产品的研发工作。

在这种结构下，B 公司将其研发的软件以一定价格销售给 A 公司，而 A 公司将整合后的产品以更高的价格销售给终端客户。假设 B 公司将软件以 800 万元的价格销售给 A 公司，而 A 公司对外的综合合同价格为 1,000 万元。A 公司作为销售方，按照 13% 的税率对软件销售征收增值税。B 公司作为研发方，800 万元的软件销售收入可以享受即征即退政策，申请退还超过 3% 部分的增值税。

以点带面：业务独立，享受优惠

拆分业务前，整体应交增值税 120 万元。具体计算过程是：1,000 × 13% – 10 = 120（万元）。

拆分业务后，整体应交增值税 40 万元。具体计算过程是：A 公司应交增值税 =（1,000 – 800）× 13% – 10 = 16（万元）；B 公司应交增值税 = 800 × 3% = 24（万元），整体应交增值税 = 16 + 24 = 40（万元）。

因此，公司应将软件开发业务独立出来，分开核算，享受销售软件产品增值税即征即退优惠。

作者说：增值税即征即退政策的相关注意事项

软件开发企业享受增值税即征即退优惠政策时，要注意隐藏的细节问题，避免操作不当，因小失大。

• 小规模纳税人自行开发软件对外销售，因为增值税征收率为 3%，不适用 13% 税率，所以小规模纳税人不能享受增值税即征即退优惠政策。

• 软件销售代理企业对外销售上游公司提供的软件，该软件不属于代理企业自行开发，代理企业没有软件著作权，不能享受增值税即征即退优惠政策。

• 生产企业兼营其他货物销售、提供加工修理修配等应税劳务以及提供技术转让、技术开发等应税项目，应分别核算销售额。未分别核算或核算不清，软件产品不得享受增值税即征即退优惠政策。

- 满足条件的企业对外销售软件，开具发票必须符合以下税务政策的规定：在开具的销售发票上注明软件产品名称及版本号，并且与软件产品登记证书的相关内容一致；企业对外销售已登记软件产品的个别模块或子系统，应在开具的销售发票备注栏中注明相应的登记证书软件产品名称；开具销售发票要规范使用软件产品名称简写，在发票的货物品名栏目使用缩写的，应该在发票的备注栏注明全称，一种软件产品名称只能使用一个固定的缩写，不能每次变换缩写；销售嵌入式软件产品开具发票时，可在发票备注栏分别注明软件、硬件部分的销售额。

第9章
企业所得税筹划技巧

68. 如何最大限度享受国家税收优惠政策

毕程宫的公司 2022 年销售收入有 1,000 万元，扣除成本费用后的利润是 400 万元。古智向毕程宫汇报公司利润情况时，提及如果公司利润超过 300 万元，不符合小型微利企业认定标准，不能享受企业所得税的税收优惠。400 万元的利润需要以 25% 的企业所得税税率来缴税，企业所得税就是 100 万元。

毕程宫赶忙找身边朋友咨询，想看看有没有解决方案。朋友给的建议是拆分公司，最大限度享受国家优惠政策。

问题前置：了解优惠政策，享受最大限度优惠

相关政策规定：自 2023 年 1 月 1 日至 2027 年 12 月 31 日，对小型微利企业年应纳税所得额不超过 100 万元的部分，减按 25% 计入应纳税所得额，按 20% 的税率缴纳企业所得税；自 2022 年 1 月 1 日至 2027 年 12 月 31 日，对小型微利企业年应纳税所得额超过 100 万元但不超过 300 万元的部分，减按 25% 计入应纳税所得额，按 20% 的税率缴纳企业所得税。

想要享受这个政策，就要对照政策标准来策划公司的经营行为，按销售品种、产品类别分别成立两家子公司，每家公司的年利润分别控制在 150 万元和 250 万元。

以点带面：公司拆分后，税负会明显减轻

拆分公司前，应缴纳企业所得税为 100 万元。具体计算过程是：400×

25%＝100（万元）。

公司拆分后，应缴纳企业所得税为20万元。具体计算过程是：150×25%×20%＋250×25%×20%＝20（万元）。

如果不拆分公司，公司就无法享受小型微利企业税收优惠。通过拆分公司，两家公司都符合政策条件，可充分享受政策红利，企业所得税从100万元降低到了20万元，有效减轻了企业所得税税负。

作者说：小型微利企业认定条件

如前所述，小型微利企业是指从事国家非限制和禁止行业，且同时符合年度应纳税所得额不超过300万元、从业人数不超过300人、资产总额不超过5,000万元这三个条件的企业。

从业人数，包括与企业建立劳动关系的职工人数和企业接受的劳务派遣用工人数之和。所称从业人数和资产总额指标，应按企业全年的季度平均值确定。具体计算公式如下：季度平均值＝（季初值＋季末值）÷2；全年季度平均值＝全年各季度平均值之和÷4。其中，企业在年度中间开业或者终止经营活动的，以其实际经营期作为一个纳税年度来确定上述相关指标。

69. 为什么企业要做公益性捐赠

毕程宫一大早就收到了一箱沉甸甸的红枣，这是毕程宫扶贫捐赠地的乡亲们给他寄的。半年前，毕程宫生意稍有起色时，就惦记为自己的老家做点贡献。他想来想去，认为给老家捐款最简单直接。

当年毕程宫的公司实现盈利800万元，他让古智直接向村里捐赠80万元。但古智并没有直接捐款，而是先去了解了一下企业所得税公益性捐赠扣除的相关规定。古智发现，如果直接捐款的话，捐赠支出在企业所得税税前不能扣除。所以，她建议毕程宫通过慈善机构向村里捐款，这样可以抵扣企业所得税。

💰 问题前置：对公益性捐赠的判定标准

公益性捐赠，是指企业通过公益性社会团体或者县级以上人民政府及其部门，用于《中华人民共和国公益事业捐赠法》规定的公益事业的捐赠。企业发生的公益性捐赠支出，不超过年度利润总额12%的部分，准予扣除。

毕程宫公司的利润为800万元，允许在企业所得税税前扣除的捐款限额 = 800 × 12% = 96（万元）。因为80万元小于96万元，所以可以直接扣除。

💰 以点带面：两个渠道捐赠的税额略有差异

直接捐赠，不得在企业所得税税前扣除，企业应缴纳企业所得税200万元。具体计算过程是：800 × 25% = 200（万元）。

通过慈善机构捐赠，可扣除限额为96万元，大于实际捐赠额80万元，企业应缴纳企业所得税180万元。具体计算过程是：（800 − 80）× 25% = 180（万元）。

通过慈善机构捐赠，判定属于公益性捐赠的，可减少企业所得税20万元。

💰 作者说：通过捐赠，企业可以享受小型微利企业红利

想要通过公益性捐赠来降低企业所得税，企业需要注意应纳税所得额的上限。这个上限是指企业可以通过捐赠来减少其应纳税所得额，但这种

减少不能超过一个特定的金额。如果捐赠额超过了这个上限，即使通过公益性捐赠降低应纳税所得额适用小型微利企业的所得税优惠政策，但捐赠支出也会大于降低的企业所得税税额，从而无法达到降低税额的目的。

我们可以设列一个方程。假设应纳税所得额上限为 X 万元，捐赠金额为 Y 万元。根据小型微利企业的税收优惠政策，可以列出以下两个方程：

X – Y = 300 万元（企业通过捐赠减少后的应纳税所得额）

25%X – 15（享受小型微利企业优惠政策时的最高纳税金额）= Y

求得 X=380 万元

所以，应纳税所得额上限 X 是 380 万元。当小型微利企业的年应纳税所得额小于或等于 380 万元时，如果还想享受小型微利企业的税收优惠政策，企业可以选择通过公益性捐赠降低企业所得税。如果年应纳税所得额超过 380 万元，即使企业进行公益性捐赠，也无法降低税负。

70. 甄别业务招待费，合理拓宽抵扣范围

古智在给毕程宫的几家公司进行年底结账时，发现这几家公司的业务招待费金额都很高。古智知道，这些费用其实不全是业务招待费，有些加班用餐和开会用餐的费用也放在业务招待费里了。

比如其中一家建筑公司的账目里显示，年销售额为 2,000 万元，业务招待费为 26 万元。通过几小时的甄别与整理，古智发现实际业务招待费的金额是 14 万元，其他的则是会议用餐费 7 万元和员工聚餐等福利费 5 万元。

虽然古智发现了业务招待费的问题，但她并没有对账目做出相应调整，依然在汇算清缴时按业务招待费进行纳税调增。古智认为这样做最严谨，不会有财税风险。

💰 问题前置：餐费应根据真实用途计入不同科目

企业发生的与其生产、经营业务有关的业务招待费支出，按照发生额的 60% 扣除，但最高不得超过当年销售（营业）收入的 5‰；发生的会议费可全额扣除；发生的职工福利费在实发工资总额的 14% 以内可以据实扣除。企业在证据资料充分的前提下，根据实际情况合理分配费用额度，可以增加抵扣范围。

所以，古智应该根据餐费的真实用途，将 7 万元会议费和 5 万元福利费列入相应的会计科目里。

💰 以点带面：业务招待费与其他支出项目扣除比例的差异

调整科目前，业务招待费扣除限额为 10 万元，应调增应纳税所得额 16 万元，调增应缴企业所得税 4 万元。具体计算过程是：26×60% = 15.6（万元），2,000×0.5% = 10（万元），取低值，应调增应缴企业所得税为：（26–10）×25% = 4（万元）。

调整科目后，业务招待费扣除限额为 8.4 万元，应调增应纳税所得额 5.6 万元，调增应缴企业所得税 1.4 万元。具体计算过程是：14×60% = 8.4（万元），2,000×0.5% = 10（万元），取低值，应调增应交企业所得税为：（14 – 8.4）×25% = 1.4（万元）。

经计算，调整科目后，企业所得税能够减少 2.6 万元。

💰 作者说：餐费不等于业务招待费

很多企业把餐费和业务招待费画上等号，导致企业要多缴所得税。其实，餐费与业务招待费不同。餐费的用途很多，不一定都是用于业务招待。企业到年底常常会安排一次全体员工大聚餐，这是一种福利活动，发生的餐费应当列入福利费用；企业员工到外面出差，出差途中发生的餐费，例如在机场的餐厅吃饭，这些餐费都应该列入差旅费；企业的经理人到某地召开会议，中午安排的工作餐属于会议费用的一部分；公司董事会召开董事会议，安排董事就餐，这些属于董事会费的一部分。

因此，企业发生的餐费应该根据具体用途归属不同的费用项目，而不能将餐费都作为业务招待费处理，给企业增加税负。为了准确划分餐费的费用项目，建议企业完善费用报销制度。在报销餐费时，员工应填写餐费报销单，列明用餐目的、参加人员等相关项目，并提供相关证据，如会议通知、会议记录等，这样既可以加强内部财务监督管理，又有利于税务处理，避免不必要的纳税支出。

71. 企业聘用残疾人是否可以享受加计扣除优惠政策

毕程宫的一家动漫制作公司近期签了一笔600万元的大单，目前急缺开发人员，预计需要40名员工用一年的时间开发完成这个大单。这个项目的成本基本是人员工资，利润相当可观。毕程宫内心有些矛盾，一方面想让利润高一点，一方面想让企业所得税少一点，有没有两全的方案呢？

正在毕程宫一筹莫展之际，古智的一句话让毕程宫眼前一亮。古智说："听说公司聘用残疾人，可以在企业所得税前双倍扣除工资。"毕程宫心里盘算着："预计每人每月工资1万元，招聘多少残疾人合适呢？"

问题前置：企业聘用残疾人可享受加计扣除优惠政策

为了促进社会包容性和支持残疾人就业，我国制定了一系列税收优惠政策。如前所述，企业安置残疾人员的，在按照支付给残疾人职工工资据实扣除的基础上，可以在计算应纳税所得额时按照支付给残疾人职工工资的 100% 加计扣除。

如果企业计划招聘 40 人，年平均工资为 12 万元，企业的总人工成本是 480 万元。如果企业项目收入为 600 万元，利润为 120 万元。企业想要利益最大化，可以选择聘用 10 名残疾人。10 名残疾人的年薪总和为 120 万元，这 120 万元的人工成本可以额外享受 100% 加计抵扣。这时企业的应纳税所得额将从原来的 120 万元减少到 0 万元。

💰 以点带面：加计扣除，降低税前利润

不招聘残疾人，公司应缴企业所得税 30 万元（不考虑小型微利企业）。具体计算过程是：（600 – 480）× 25% = 30（万元）。

聘用 10 名残疾人，公司应缴企业所得税 0 万元。具体计算过程是：（600 – 480 – 120）× 25% = 0（万元）。

若公司聘用更多的残疾人，加计扣除后形成亏损，可在今后五年内予以弥补。

💰 作者说：残疾人工资是否可以"2"次加计扣除

这里提到"2"次加计扣除，"1"是指残疾人工资在企业所得税税前可以 100% 加计扣除；"2"是指在企业的研发人员是残疾人的情况下再次 100% 加计扣除。

《中华人民共和国企业所得税法实施条例》的规定，企业所得税法及实施条例中规定的各项税收优惠，凡企业符合规定条件的，可以同时享受。

通过这个文件我们可以明确的是，如果企业的研发人员是残疾人，那么企业既可以享受研发费用加计扣除，也可以享受工资的加计扣除。所以，残疾人工资是可以"2"次加计扣除的。

72. 业务招待费是否能转化为业务宣传费

毕程宫让古智统计印刷公司当年的业务招待费和业务宣传费的花费总额，想看一下为了获取客户和维护客户要花多少钱。

古智统计出来的结果是：销售收入 2,000 万元，业务招待费 100 万元，业务宣传费 150 万元。毕程宫认为虽然这个比例比较合适，但由于业务招待费的扣除比例较低，有 90 万元的花费都在企业所得税税前扣除不了，这也是一笔不小的数目。

公司逢年过节少不了客户维护，像送礼、请客更是家常便饭。费用确实是为公司经营花的，但好几十万元的费用不能税前列支，这让毕程宫很是烦恼。

问题前置：业务招待费转化为业务宣传费

业务招待费是指企业为生产、经营业务的合理需要而发生支付的应酬费用。这些费用包括企业因生产经营需要而宴请或者工作餐的开支、赠送纪念品的开支、旅游景点参观费和交通费等其他费用的开支、业务人员的差旅费开支等。业务招待费的扣除比例是，按照销售收入的 0.5% 和业务招待费发生额的 60% 中的较低者来计算扣除。

业务宣传费是企业为了推广自身品牌和产品，提升市场知名度而发生的费用。这些费用通常包括举办促销活动、提供试用装、发放宣传册、赠送礼品或纪念品等，且这些活动不通过传统媒体进行广告投放。

对于化妆品制造与销售、医药制造、饮料（不含酒类）制造等行业，其业务宣传费的税前扣除比例不得超过销售收入的 30%。而对于烟草企业，则明确规定不得扣除业务宣传费。其他行业的业务宣传费税前扣除比例不得超过销售收入的 15%。

针对毕程宫公司的情况，如果能在过节送给客户的礼品中印上公司 LOGO，这样的支出就可以计入业务宣传费了。

以点带面：费用种类不同，扣除标准也不同

所有礼品费用均作为业务招待费，当年业务招待费扣除限额为 10 万元，无法扣除的业务招待费为 90 万元。具体计算过程是：100×60% = 60（万元），2,000×0.5% = 10（万元），取低值，需纳税调增数 = 100 - 10 = 90（万元）。

将业务招待费中过节礼品费用转化为业务宣传费。调整后的业务招待费为 50 万元，业务宣传费为 200 万元。这时，业务招待费需纳税调增 40 万元，业务宣传费可全额扣除。具体计算过程是：50×60% = 30（万元），2,000×0.5% = 10（万元），取低值，需纳税调增数 = 50 - 10 = 40（万元），业务宣传费扣除标准 = 2,000×15% = 300（万元）。

所以，调整后需要缴的企业所得税比调整前减少 12.5 万元，具体计算过程是：(90 - 40)×25% = 12.5（万元）。

作者说：业务招待费为什么会跟业务宣传费有关系

因为企业对外的礼品赠送可能计入业务招待费，也可能计入业务宣传费，涉及以哪种费用进行税前扣除的问题。两种费用都有扣除限额，且限额不一样。

在实践中，很多企业在业务招待费上列支送给客户的礼品，如果礼品印上企业标识，其可作为本企业形象、产品的宣传品，从而将部分业务招待费转化为业务宣传费，提高税前扣除额度，达到一定的纳税筹划目的。

73. 亏损企业的亏损可以被转移

古智在年底财务分析报告中写到，目前公司的经营状况是：两家公司为盈利，一家税前利润1,000万元，一家税前利润200万元；五家公司为亏损。毕程宫合计着明年将亏损公司申请破产注销；盈利的公司在税负方面再看看有没有筹划的空间。这样一来，将不良资产断舍离，明年重新整装上阵。

财务工作复盘后的讨论，主要围绕明年两家盈利公司的企业所得税税负问题展开。古智提议将盈利公司的注册地变更到税收洼地，这样可以享受财政补贴，切实解决企业所得税税负问题。但是毕程宫担心地方政策不稳定，怕对公司经营有一定的影响，认为还是慎重决策为好。

问题前置：盈利企业并购亏损企业，可在限额内弥补亏损

盈利企业并购亏损企业，可以实现企业之间税前利润的调节。如果毕程宫用盈利公司并购亏损公司，在限额内是可以税前弥补亏损的。

由合并企业弥补的被合并企业亏损限额＝被合并企业净资产公允价值×截至合并业务发生当年年末国家发行的最长期限的国债利率。假定毕程宫的被合并企业净资产公允价值为2,000万元，截至当年年末国家发行的最长期限的国债利率为4.5%，则可弥补亏损限额为90万元。

以点带面：通过企业并购，减少应纳税所得额

毕程宫盈利最高的公司收购亏损公司前，应缴企业所得税250万元。具体计算过程是：1,000×25%＝250（万元）。

收购亏损公司后，应缴企业所得税227.75万元。具体计算过程是：可

弥补亏损限额 = 2,000 × 4.5% = 90（万元），应交企业所得税 =（1,000 − 90）× 25% = 227.5（万元）。

通过企业并购，毕程宫盈利最高的公司可减少应纳税所得额 90 万元，减少企业所得税 = 250 − 227.5 = 22.5（万元）。

作者说：找到合适的并购对象是首要问题

找到合适的并购对象，是企业并购决策的首要问题。并购的目的不同，选择的对象就不同。如果以减少税额为目标，可以考虑以下两种企业。

1. **可以享受税收优惠政策的企业**。我国现行所得税法规定的税收优惠政策中，有一类是地区性优惠政策。并购企业时可以选择能够享受优惠政策地区的企业，将整体利润转移到低税率地区，从而减轻企业整体税收负担。

2. **有亏损的企业**。以亏损企业的账面亏损，冲抵盈利企业的应纳税所得额，以充分利用盈亏互抵、减少纳税的优惠政策，使并购企业所得税税负减轻。

74. 利息支出不能税前列支吗

毕程宫近期正在筹集 500 万元资金，准备扩大业务规模。由于种种原因，公司不符合银行的贷款要求。毕程宫便找到朋友，朋友提出可以帮忙筹集这笔钱，但要收取一定的服务费和利息，并要求将服务费和利息全部以利息方式收取并开具发票，约定利率为 15%。毕程宫虽然感觉利率有点高，但也无其他更好的办法，便接受了这个要求。

几个月后，古智在学习企业所得税费用税前扣除比例时发现，借款的利息支出超过金融企业同期同类贷款利率的部分，是不允许在企业所得税税前扣除的，需要纳税调增。毕程宫借款时金融企业同期同类贷款利率是10%，他需要多交不少钱。

古智赶紧将这一情况告知毕程宫。毕程宫和古智都认为，如果当初利息和服务费分开开具发票，就不会有这个问题了。

问题前置：虚开发票不可行

企业在生产经营活动中发生的利息支出，超出金融企业同期同类贷款利率的部分，不能税前列支。另外，发票要按实际业务开具，利息和服务费应该分开开具，否则就涉嫌虚开发票。

毕程宫可以按不同服务项目，分别签订两份合同：一份是借款合同，约定利率为10%；一份是服务合同，约定服务费为25万元。

以点带面：开票类目直接影响企业所得税税额

合计开票，允许税前列支费用为50万元。具体计算过程是：500 × 10% = 50（万元）。

分业务开票，允许税前列支的费用为75万元。具体计算过程是：500 × 10% + 25 = 75（万元）。

服务费没有扣除比例，可据实扣除。按实际业务开具发票后，可直接减少企业所得税 =(75–50) × 25% = 6.25（万元）。

作者说：贷款利息无法抵扣进项税额

根据现行税收政策，企业的贷款利息费用适用的增值税税率为6%，但这部分税额并不能抵扣。这一政策规定给企业在贷款利息的还款过程中增加了负担，也间接影响了企业的成本。

所以在进行贷款时，企业应当综合考虑各种影响因素，选择适合自己的贷款方式。同时，会计人员也要注意所在地区新出的政策规定，正确处理进项贷款利息费用及其他相关费用的账务问题。

第 10 章

个人所得税筹划技巧

75. 改变工资结构，税金算法有何不同

高梯城今年的业绩完成得特别好，到手的销售提成很高，把工资和提成相加有 50 万元。提成高固然是件好事，但是高薪也意味着较高的个人所得税。高梯城心想：如果因为提成高了，反而要缴更多的个人所得税，自己不如把年底应该冲的业绩放到下一年再使劲。

一家公司的销售人员，如果因为自己承担的个人所得税过高而想去操控公司的业绩，无疑会给公司带来很大的经营风险。

问题前置：合理运用薪酬分配制度，改变工资结构

假定不考虑五险一金和专项附加扣除，50 万元的工资扣减掉 6 万元免征额后，剩余的 44 万元为应纳税所得额。在此情况下，适用 30% 的个税税率。

若将 50 万元的工资分解为 36 万元的工资和 14 万元的全年一次性奖金，就算是通过合理的薪酬分配制度，达到优化税负的目的。由于年终奖可以选择单独计税，将 14 万元的年终奖部分按照 10% 的税率计算，36 万元工资部分按照 20% 的税率计算。

以点带面：全年一次性奖金，单独计税有优惠

工资拆分前，应缴个人所得税 7.908 万元。具体计算过程是：（50 - 6）× 30% - 5.292 = 7.908（万元）。

工资拆分后，应缴个人所得税 5.687 万元。具体计算过程是：工资应

缴个人所得税 =（36 – 6）× 20% – 1.692 = 4.308（万元）；全年一次性奖金应缴个人所得税 = 14 × 10% – 0.021 = 1.379（万元）。合计应缴个人所得税 = 4.308 + 1.379 = 5.687（万元）。

通过改变工资结构，可节省个人所得税 = 7.908 – 5.687 = 2.221（万元）。

作者说：拆分年终奖且分笔支付，年终奖可适用不同个人所得税计税方法

员工获得的全年一次性奖金是否可以分开计算，其中一部分计入综合所得，另一部分则作为奖金单独计算？这是许多员工和人力资源管理者关心的问题。

根据《个人所得税法》的规定，年度一次性奖金通常不能分开计算，同一年中的年终奖金应选择一种计算方法进行个人所得税的申报。但如果企业分笔支付全年一次性奖金，就可以用不同的计税方式来计算。

虽然年终奖金的整体计算方法不能分开，但是企业可以将奖金分批支付，每笔支付金额可以根据当时的税率选择合适的计税方式，以达到税收优化的目的。

对于个人所得税的计算，有两种基本方法：单独计税和全额纳入综合所得计税。但实操上，也可将年终奖部分独立计税，部分纳入综合所得。通过合理、合法的分拆比例，可以实现最低的个人所得税负担。

合理规划年终奖金的发放方式和计算方法，可减少员工的个人所得税负担，提高员工的实际收入。

76. 企业为员工提供住所，可以少缴个人所得税吗

毕程宫的公司新招聘了 3 名软件工程师，每人每月工资定在 3.2 万元。

由于他们在北京没有住房，人生地不熟，就想让公司提供住房，个人来承担住房租金。

毕程宫对古智说："公司给 3 名工程师提供住房，每月从每人工资中扣除 2,000 元。"这样做，一来是在招聘时比其他公司更有优势；二来是员工自己租房要比公司提供住房花费高。古智点点头，补充了一句："个人所得税还能减少。"

💰 问题前置：企业提供住房，扣减个人工资，可以少缴个人所得税

对于在工作地没有住房的员工而言，租房是一笔不小的开销。如果员工在入职前可以与企业协商，由企业提供住房，工资可以在原有基础上适当减少，那么企业为员工支付的报酬总额不会增加，支付的房租可以计入职工福利费，在企业所得税税前扣除。

根据相关规定，纳税人在主要工作城市没有自有住房且发生住房租金支出，可以根据租房城市按照一定的标准定额扣除。直辖市、省会（首府）城市、计划单列市以及国务院确定的其他城市，扣除标准为每月 1,500 元。除了以上城市，市辖区户籍人口超过 100 万的城市，扣除标准为每月 1,100 元；市辖区户籍人口不超过 100 万的城市，扣除标准为每月 800 元。

如果员工自己承担房租，无论房租金额是多少，只能按照专项附加扣除标准在个人所得税税前扣除；如果是企业承担房租，从员工工资中扣减房租，扣多少金额，应发工资就减少多少金额，个人所得税也会减少。

💰 以点带面：减少应纳税所得额，增加可支配收入

个人支付房租，全年应缴个人所得税 4.458 万元。具体计算过程

是：假定不考虑五险一金及其他扣除项，应纳税所得额 = 3.2 × 12 – 6 – 1.8（租房扣除项）= 30.6（万元），应缴个人所得税 = 30.6 × 25% – 3.192 = 4.458（万元）。

公司支付房租，全年应缴个人所得税 4.308 万元。具体计算过程是：假定不考虑五险一金及其他扣除项，只考虑租房扣除项，应纳税所得额 =（3.2 – 0.2）× 12 – 6 = 30（万元），应缴个人所得税 = 30 × 20% – 1.692 = 4.308（万元）。

通过计算我们会发现，3 名软件工程师的个人所得税减少了 0.15 万元。只要个人租房的金额大于等于 2,000 元，员工的可支配收入就会增加。

作者说：企业给员工提供住房，是否需要申报个人所得税

企业给员工提供住房，与第三方签订租赁协议，支付租金，取得合规发票，租金作为福利费入账，凭发票在企业所得税税前限额扣除。职工福利费不超过工资薪金总额 14% 的部分，准予在计算应纳税所得额时扣除，超过部分不得扣除，汇算清缴时做纳税调增处理。

企业给员工提供住房，属于集体福利的范畴，是集体享受的、不可分割的、非现金方式的福利。所以，企业无需将租金并入员工工资，也不用申报个人所得税。

77. 增加合伙人是否可以分摊应纳税所得额

毕程宫在两年前成立了一家个人独资企业，一直没有什么生意。近期有一单装修设计的生意，毕程宫想用个人独资企业承接。设计服务收入是 310 万元，预计成本、费用合计 250 万元。

毕程宫让古智计算应缴纳的个人所得税数额，古智说："个人独资企

业，利润在 50 万元以上的，个人所得税税率为 35%。"毕程宫听后小声嘟囔道："得缴不少税，唉，但是该缴也得缴啊！"

💲 问题前置：改变企业性质，增加合伙人

个人独资企业实行五级超额累进税率计算个人所得税，经营所得达到五级中最高档，税率为 35%，税负较重，可以通过降低税基、减少级距的方式达到降低税率的目的。合伙企业缴税遵从"先分后税"原则，按合伙协议约定或人数均分计算缴纳个人所得税。个人独资企业想要降低税基，可以考虑变更企业性质，采用合伙企业形式，增加合伙人数。

💲 以点带面：通过变更企业性质，有效减少税额

由个人独资企业承接业务，需要根据生产经营税率表来确定适用的税率和速算扣除数，缴纳个人所得税 14.45 万元。具体计算过程是：（310 – 250）× 35% – 6.55 = 14.45（万元）。

由合伙企业承接业务，两个合伙人均分收入，根据生产经营税率表来确定适用的税率和速算扣除数，缴纳个人所得税 9.9 万元。具体计算过程是：[（310 – 250）/ 2 × 20% – 1.05] × 2 = 9.9（万元）。六个合伙人之内，每多增加一人，可多扣减 1.05 万元的税额。

💲 作者说：合伙人无论是否分配所得，都应就生产经营所得和其他所得缴纳个人所得税吗

个人独资企业以投资者为纳税义务人，合伙企业以每一个合伙人为纳税义务人（以下简称投资者）。个人独资企业的投资者以全部生产经营所

得为应纳税所得额；合伙企业的投资者按照合伙企业的全部生产经营所得和合伙协议约定的分配比例确定应纳税所得额，合伙协议没有约定分配比例的，以全部生产经营所得和合伙人数量平均计算每个投资者的应纳税所得额。其中的生产经营所得，包括企业分配给投资者个人的所得和企业当年留存的所得（利润）。

无论是个人独资企业还是合伙企业，投资者都需要对分配给他们的所得和企业当年留存的所得（利润）缴纳个人所得税。

78. 个人转让二手车给企业是否免征个人所得税

毕程宫跟几个生意伙伴聚会时，其中一个老板提到准备把自己名下的车卖给公司，其他几个老板也都表示自己的车早就过户到公司名下了。毕程宫听得一头雾水，不明白自己名下的车为什么要过户给公司。

几位老板表示自己的车主要用于公司经营，车辆的各项使用费得拿到公司报销。把车卖给公司，就能避免分红个税。毕程宫眼前一亮，自己的车是40万元买的，每年的车辆使用费也得有10万元，卖给公司确实比较合适。

问题前置：车辆作为企业固定资产，相关费用可以抵税

当个人将其名下的车辆出售给企业后，车辆就成为企业的固定资产。作为固定资产，车辆每年的折旧金额可以作为企业的成本费用抵扣企业所得税。此外，与车辆相关的其他费用，如保险费、修理费、加油费、过路过桥费等，也可以作为企业的运营成本，在计算应纳税所得额时予以报销。

💰 以点带面：将车辆卖给企业个人不缴税，企业能抵税

车辆登记在个人名下，企业无法向个人合理支付车辆相关费用。企业若按分红的形式支付车辆购置费和使用费，第一年需要缴纳个人所得税10万元，以后每年缴纳个人所得税2万元。具体计算过程是：车辆购置款 = 40 × 20% = 8（万元），每年车辆使用费 = 10 × 20% = 2（万元）。

将车辆卖给企业，如果出售价格不高于原购买价格，则不涉及个人所得税。企业还可以在当期或者分期抵扣企业所得税10万元（企业所得税税率按25%考虑）。具体计算过程是：40 × 25% = 10（万元）。

毕程宫将车辆卖给企业，不仅不涉及个人所得税，车辆购置款还可以按年摊销在企业所得税税前扣除。同时，与车辆相关的其他费用也可以由企业支付，并在企业所得税税前扣除。

💰 作者说：个人出售二手车涉及哪些税种

个人出售二手车，主要分两种情况：一种是转让价格低于车辆原值，不涉及相关税费；一种是转让价格高于车辆原值，涉及增值税、附加税及个人所得税。

• 如果二手车的转让价格低于车辆原值，不涉及缴纳增值税和个人所得税。

• 如果二手车的转让价格超过车辆原值，对于超出原值的金额部分，按财产转让类目征收个人所得税，税率为20%；按转让全部金额缴纳增值税及附加税，增值税征收率为1%。针对个人销售自己使用过的车辆，如果税务局认可卖出价格也可能会按销售自己使用过的物品处理，也可免征增值税及附加税。

79. 劳务报酬的应纳税所得额是否可扣减 20%

毕程宫的公司近期正在跟一位已退休的设计师谈合作，想返聘他为公司的首席设计师，年薪 50 万元。交谈中，这位设计师询问自己的个人所得税怎么缴，毕程宫希望能按其工资薪金缴纳个人所得税，不要按劳务报酬缴纳。因为劳务报酬的个人所得税预缴率太高，一般为 20%～40%。

没想到这位设计师提出，希望按劳务报酬申报个人所得税。这让毕程宫有点摸不着头脑，既然设计师提出按劳务报酬缴，公司只是代扣代缴，毕程宫便接受了设计师的要求。

问题前置：工资薪金与劳务报酬，在汇算清缴时存在区别

工资薪金和劳务报酬都属于综合所得的范畴，年终需要计入综合所得，进行汇算清缴。

汇算清缴时，虽然两项所得均按适用的七级超额累进税率计算缴纳个人所得税，但二者计入综合所得的应纳税所得额存在差异。工资薪金所得按照 100% 计入综合所得，劳务报酬所得按照 80% 计入综合所得，从汇算清缴的角度看，劳务报酬所得的整体税负轻于工资薪金所得。

以点带面：劳务报酬汇算清缴时会"打八折"

按工资薪金计算，全年应缴纳个人所得税 7.908 万元。具体计算过程是：只扣减 6 万元，不考虑其他扣除项，（50 - 6）× 30% - 5.292 = 7.908（万元）。

按劳务报酬计算，全年应缴纳个人所得税 5.308 万元。具体计算过程是：只扣减 6 万元，不考虑其他扣除项，（50 × 80% - 6）× 25% - 3.192 =

5.308（万元）。

通过计算我们发现，劳务报酬所得的税负整体是低于工资薪金所得的税负的。

作者说：支付劳务报酬存在的六个误区

企业经营中免不了给个人支付劳务报酬，关于这方面，很多企业会出现以下误区。

1. **企业向个人支付劳务报酬，认为个人不用开具发票给企业。** 企业向个人支付劳务报酬，个人应按照劳务或服务的类型对应增值税税率缴纳增值税，并开具发票给企业；支付给个人500元以下的劳务报酬可以不用发票且免征增值税。

2. **企业认为个人去税务局代开发票的时候已经扣缴个人所得税。** 个人到税务局去代开劳务报酬发票的时候，税务局是不会在代开发票环节征收个人所得税的，而是在开出发票的备注栏注明"个人所得税由支付方代扣代缴"。

3. **企业支付给个人的劳务报酬，以含增值税金额来扣缴个人所得税。** 企业支付给个人劳务报酬，个人所得税以不含增值税的金额来计算。

4. **企业支付给个人劳务报酬，直接按照预扣税率20%来计算。** 劳务报酬预扣预缴税率分为三档，分别是20%、30%和40%。

5. **企业认为一个月内多次支付个人劳务报酬，每次都不超过800元，就不用代扣代缴个人所得税。** 如果在同一个月内，企业针对同一项目向个人支付劳务报酬，需合并计算并代扣代缴个人所得税。

6. **企业认为劳务报酬不超过800元的，可以不用申报个人所得税。** 企业支付劳务报酬，即使计算出应缴个人所得税为零，也要做个人所得税零申报。

80. 什么是利用级差降低税率

高梯城的一个朋友有一家电动车专卖店，该专卖店是个人独资企业，主要业务是销售和维修电动车。全年纯收入有65万元，在申报个人所得税时，高梯城的朋友发现要缴纳十几万元的税款，便想让高梯城问问公司财务，这种情况有没有筹划空间。

高梯城便去请古智帮忙。经了解得知，该专卖店的电动车销售纯收入有30万元，电动车维修纯收入有35万元。针对这种情况，古智的回答是："电动车销售与电动车维修这两项业务合并经营，按照现行规定，无法适用核定征收方式。所以，在税收缴纳方面，没有可以优化调整的办法了。"

问题前置：拆分所得，降低税率

个人独资企业经营所得，按照五级超额累进税率缴纳个人所得税，当纯收入超过50万元时，需要按35%计税。

如果将电动车专卖店的收入按业务进行分离，分别由两个不同的个人独资企业完成销售和维修，通过拆分所得，将税率降低，实现减少纳税额的目标。

以点带面：业务分离，减轻税负

业务分离前，应缴个人所得税16.2万元，具体计算过程是：65×35% − 6.55（速算扣除数）= 16.2（万元）。

业务分离后，应缴个人所得税11.4万元，具体计算过程是：30×20% − 1.05（速算扣除数）+ 35×30% − 4.05（速算扣除数）= 11.4（万元）。

设立两个个人独资企业（不同人），一个负责销售业务，一个负责维修业务，将两块业务分离，利用级差降低税率，切实减轻个人所得税税负。

作者说：哪些生产经营活动属于个人经营所得

个体工商户业主、个人独资企业投资者、合伙企业个人合伙人、承包承租经营者个人，以及其他从事生产、经营活动的个人取得经营所得的，应当办理预缴纳税申报和汇算清缴。经营所得包括以下情形：

• 个体工商户从事生产、经营活动取得的所得，个人独资企业投资人、合伙企业的个人合伙人来源于境内注册的个人独资企业、合伙企业生产、经营的所得。

• 个人依法从事办学、医疗、咨询以及其他有偿服务活动取得的所得。

• 个人对企业、事业单位承包经营、承租经营以及转包、转租取得的所得。

• 个人从事其他生产、经营活动取得的所得。

纳税人取得经营所得，适用五级超额累进税率。按年计算个人所得税，由纳税人在月度或者季度终了后 15 日内向税务机关报送纳税申报表，并预缴税款；在取得所得的次年 3 月 31 日前办理汇算清缴。

Part 5
常见误区

在我们的日常生活中，往往不经意地就会对某些事情产生错误的认知，而这种认知偏差在企业经营中也同样存在。特别是涉及财税问题时，这些误区不仅可能导致经营策略偏离轨道，更可能对企业的长远发展甚至生存产生极大的负面影响。

财税管理是企业运营中不可或缺的一环，任何细微的误解或忽视都可能给企业带来无法估量的损失。因此，财务人员对财税知识有全面且准确的理解，是每个企业成功运营的重要前提。

在这一部分中，我们详尽列举了众多企业在经营过程中容易陷入的财税误区，并针对每个误区都提供了切实可行的正确处理方法。这些案例不仅是过往错误的累积，更是宝贵的经验教训，旨在帮助企业更清晰地认识到财税方面的对与错，为企业的稳健运营筑起坚实的防线。

第 11 章

对财税工作常见误区的总结

81. 小规模纳税人不能开具增值税专用发票吗

高梯城满面春风地来到公司，谈了好久的订单终于签成了。高梯城向毕程宫报喜的同时，将合同拿给古智审核。

古智仔仔细细地查验合同，其他都没问题，但有一点是对方要求开具增值税专用发票。古智赶忙叫来高梯城，表示自家公司是小规模纳税人，无法开具增值税专用发票，让高梯城询问对方能否收取增值税普通发票。可是高梯城表示对方公司是一般纳税人，特意要求必须开具增值税专用发票，否则就不能合作。

古智为难地表示无法开具增值税专用发票，只能让高梯城去想办法。最终，高梯城无奈地与对方取消了合作。

问题前置：小规模纳税人可以开具增值税专用发票

根据《财政部 税务总局关于明确增值税小规模纳税人减免增值税等政策的公告》（2023年第1号）规定，增值税小规模纳税人（不包括自然人）发生增值税应税行为，需要开具增值税专用发票的，可以自愿使用增值税发票管理系统自行开具。选择自行开具增值税专用发票的小规模纳税人，税务机关不再为其代开增值税专用发票。

以点带面：不得开具增值税专用发票的情形有哪些

根据相关规定，不得开具增值税专用发票的情形，有以下十大类。[17]
第一类，购买方为消费者个人的。

第二类,纳税人收取款项但未发生销售货物、应税劳务、服务、无形资产或不动产的情形。"未发生销售行为的不征税项目"包括以下十四项内容:预付卡销售和充值、销售自行开发的房地产项目预收款、已申报缴纳营业税未开票补开增值税普通发票、非税务机关等其他单位为税务机关代收的印花税、代收车船使用税、融资性售后回租承租方出售资产、资产重组涉及的不动产、土地使用权、代理进口免税货物货款、有奖发票奖金支付、不征税自来水、建筑服务预收款、代收民航发展基金、拍卖行受托拍卖文物艺术品代收货款。

第三类,销售免税项目,法律、法规及国家税务总局另有规定的除外。纳税人发生应税行为适用免税规定的,可以放弃免税,按规定缴纳增值税。放弃免税后,三十六个月内不得再申请免税。

第四类,销售自己使用过的固定资产,适用简易办法依3%征收率减按2%征收增值税,不得开具增值税专用发票。

第五类,实行增值税退(免)税办法的增值税零税率应税服务。

第六类,出口货物劳务除输入特殊区域的水电气外,出口企业和其他单位不得开具增值税专用发票。

第七类,纳税人销售旧货,应开具增值税普通发票,不得自行开具或者由税务机关代开增值税专用发票。

第八类,单采血浆站销售非临床用人体血液。

第九类,差额征税(扣除部分)不得开具增值税专用发票项目。

• 经纪代理服务,以取得的全部价款和价外费用,扣除向委托方收取并代为支付的政府性基金或者行政事业性收费后的余额为销售额。向委托方收取的政府性基金或者行政事业性收费,不得开具增值税专用发票。

• 旅游服务,可以选择以取得的全部价款和价外费用,扣除向旅游服务购买方收取并支付给其他单位或者个人的住宿费、餐饮费、交通费、签证费、门票费和支付给其他接团旅游企业的旅游费用后的余额为销售额。向旅游服务购买方收取并支付的上述费用,不得开具增值税专用发票。

• 纳税人提供劳务派遣服务，可以选择差额纳税，以取得的全部价款和价外费用，扣除代用工单位支付给劳务派遣员工的工资、福利和为其办理社会保险及住房公积金后的余额为销售额，按照简易计税方法依 5% 的征收率计算缴纳增值税。选择差额纳税的纳税人，向用工单位收取用于支付给劳务派遣员工工资、福利和为其办理社会保险及住房公积金的费用，不得开具增值税专用发票。

• 安保服务，包括场所住宅保安、特种保安、安全系统监控、提供武装守护押运服务以及其他安保服务。纳税人提供安保服务，比照劳务派遣服务政策执行。

• 纳税人提供人力资源外包服务，按照经纪代理服务缴纳增值税，其销售额不包括受客户单位委托代为向客户单位员工发放的工资和代理缴纳的社会保险、住房公积金。向委托方收取并代为发放的工资和代理缴纳的社会保险、住房公积金，不得开具增值税专用发票。

• 中国移动通信集团公司、中国联合网络通信集团有限公司、中国电信集团公司及其成员单位通过手机短信公益特服号为公益性机构接受捐款，以其取得的全部价款和价外费用，扣除支付给公益性机构捐款后的余额为销售额。其接受的捐款，不得开具增值税专用发票。

• 纳税人提供签证代理服务，以取得的全部价款和价外费用，扣除向服务接受方收取并代为支付给外交部和外国驻华使（领）馆的签证费、认证费后的余额为销售额。向服务接受方收取并代为支付的签证费、认证费，不得开具增值税专用发票。

• 纳税人代理进口按规定免征进口增值税的货物，其销售额不包括向委托方收取并代为支付的货款。向委托方收取并代为支付的款项，不得开具增值税专用发票。

• 境外单位通过教育部考试中心及其直属单位在境内开展考试，教育部考试中心及其直属单位提供的教育辅助服务，以取得的考试费收入扣除支付给境外单位考试费后的余额为销售额，就代为收取并支付给境外单位的考试费统一扣缴增值税。教育部考试中心及其直属单位代为收取并支付给境外单位的考试费，不得开具增值税专用发票。

• 金融商品转让，按照卖出价扣除买入价后的余额为销售额，不得开具增值税专用发票。

• 自2018年7月25日起，航空运输销售代理企业提供境内机票代理服务，以取得的全部价款和价外费用，扣除向客户收取并支付给航空运输企业或其他航空运输销售代理企业的境内机票净结算款和相关费用后的余额为销售额。航空运输销售代理企业就取得的全部价款和价外费用，向购买方开具行程单，或开具增值税普通发票。

• 自2018年1月1日起，航空运输销售代理企业提供境外航段机票代理服务，以取得的全部价款和价外费用，扣除向客户收取并支付给其他单位或者个人的境外航段机票结算款和相关费用后的余额为销售额。其中，支付给境内单位或者个人的款项，以发票或行程单为合法有效凭证；支付给境外单位或者个人的款项，以签收单据为合法有效凭证，税务机关对签收单据有疑义的，可以要求其提供境外公证机构的确认证明。

• 增值税小规模纳税人销售其取得的不动产，适用差额征税代开发票的，通过系统中差额征税开票功能，录入含税销售额（或含税评估额）和扣除额，系统自动计算税额和金额，备注栏自动打印"差额征税"字样。其他个人销售其取得（不含自建）的不动产（不含其购买的住房），应以取得的全部价款和价外费用减去该项不动产购置原价或者取得不动产时的作价后的余额为销售额，按照5%的征收率向不动产所在地的主管税务机关申报缴纳增值税。

• 北京市、上海市、广州市和深圳市，个人将购买两年以上（含两年）的非普通住房对外销售的，以销售收入减去购买住房价款后的差额按照5%的征收率缴纳增值税。

• 航空运输企业的销售额，不包括代收的机场建设费和代售其他航空运输企业客票而代收转付的价款。

• 中国证券登记结算公司的销售额。不包括以下资金项目：按规定提取的证券结算风险基金；代收代付的证券公司资金交收违约垫付资金利息；结算过程中代收代付的资金交收违约罚息。

• 试点纳税人根据 2016 年 4 月 30 日前签订的有形动产融资性售后回租合同，在合同到期前提供的有形动产融资性售后回租服务，可继续按照有形动产融资租赁服务缴纳增值税。

第十类，其他个人及其他没有办理税务登记的纳税人除以下情形外不得开具增值税专用发票。

• 其他个人转让、出租不动产，购买方或承租方不属于其他个人的，纳税人缴纳增值税后可以向税务机关申请代开增值税专用发票。

• 接受税务机关委托代征税款的保险企业，向个人保险代理人支付佣金费用后，可代个人保险代理人统一向主管税务机关申请汇总代开增值税普通发票或增值税专用发票。证券经纪人、信用卡和旅游等行业的个人代理人比照办理。

作者说：小规模纳税人开具增值税专用发票可以享受免税政策吗

小规模纳税人用征收率开具的增值税专用发票，无论是 5% 还是 3% 开具的增值税专用发票，一般纳税人都可以按照增值税专用发票上注明的税额进行抵扣。只有一方纳了税，另一方才能进行抵扣，所以小规模纳税人开具增值税专用发票是不可享受免税政策的。

82. 小规模纳税人取得增值税专用发票需要退回吗

这天，毕程宫从供应商手里拿回一份合同和一张发票，提醒古智尽快给供应商付款。古智看到发票后，暗自琢磨：收到的是一张增值税专用发票，可自家公司是小规模纳税人，不能收取增值税专用发票，这张发票会形成滞留票，有一定的财税风险。

于是古智找到毕程宫，把发票退给毕程宫并说明理由，要求让对方公司更换成增值税普通发票。当毕程宫跟对方公司沟通更换发票时，对方公司的财务人员却说："你们公司没有必要更换发票，正常记账就行。"

这让毕程宫一头雾水，不知道小规模纳税人究竟能不能收取增值税专用发票。

问题前置：小规模纳税人可以收取增值税专用发票

小规模纳税人不属于不可以取得增值税专用发票的情形，财税相关文件也没有列明小规模纳税人不可以收取增值税专用发票。

之所以误认为小规模纳税人不可以收取增值税专用发票，是因为小规模纳税人无法抵扣进项税额，增值税专用发票会在金税系统中滞留，形成滞留票。长期不认证抵扣的进项发票，会引发税务机关稽查。

以点带面：滞留票退出历史舞台

小规模纳税人是否可以收取增值税专用发票，一直是理论界与实务界争论的焦点。国家税务总局在2019年的第45号公告中，取消了增值税专用发票认证抵扣期限，据此没有认证抵扣期限超期一说，同样也不会形成滞留票。

滞留票是指销售方已开出，并抄税报税，而购货方没进行认证抵扣的增值税专用发票。如果取消认证抵扣期限，则不存在超期未认证抵扣的增值税专用发票，相当于不存在滞留票。

《国家税务总局关于纳税人认定或登记为一般纳税人前进项税额抵扣

问题的公告》（2015年第59号）第一条中明确规定，纳税人自办理税务登记至认定或登记为一般纳税人期间，未取得生产经营收入，并且未按照销售额和征收率简易计算应纳税额申报缴纳增值税的，其在此期间取得的增值税扣税凭证，可以在认定或登记为一般纳税人后抵扣进项税额。

换言之，企业在小规模纳税人期间收到的增值税专用发票，在特定条件下可以抵扣进项税额。

作者说：小规模纳税人收到增值税专用发票，说明企业存在一定问题

小规模纳税人收到增值税专用发票，说明企业的成本管理和财务管理存在一定问题。小规模纳税人一般从一般纳税人处收取增值税专用发票，一般纳税人税率会比小规模纳税人用的征收率高很多。增值税的特点是价外税，卖方会把相应的增值税税额转嫁给买方，小规模纳税人无法抵扣进项税额，必然会增加成本。

小规模纳税人能收到增值税专用发票，也说明企业的财务人员没有给业务人员说明相关发票要求，更没有参与供应商选择。企业想要持续良好发展，就需要"业财融合"，避免财务管理成为企业发展的阻力。

83. 开具和取得的发票税率不一致时，进项税额不可抵扣吗

毕程宫有一家身份为一般纳税人的咨询服务公司，这家公司一直没有订单，近期在高梯城的不懈努力下，终于有了首笔订单。双方合作得十分愉快，也打算之后长期合作。

第11章 对财税工作常见误区的总结

古智根据合同内容,为对方公司开具了税率为6%的增值税专用发票。开票后古智跟毕程宫反映,公司没有进项税额可以抵扣,这个月只能按开票的销项税额全额缴纳增值税。毕程宫想了想说:"这个月购置几台新计算机的发票可以抵扣吗?"古智回答:"可以。"

当古智收到计算机发票时,发现税率是13%。古智财务经验少,盯着这张发票想:公司开出去的发票税率用的是6%,收进来的发票税率是13%,这能抵扣吗?是按6%抵扣?还是按13%抵扣呢?

💰 问题前置:进项税额按取得的增值税专用发票进行抵扣

不同行业的增值税税率和征收率有所不同。增值税一般纳税人,按取得的增值税专用发票(包括货物运输业增值税专用发票、机动车销售统一发票等)上注明的增值税税额抵扣进项税额。

💰 以点带面:不可抵扣进项税额的发票有哪些

增值税进项税额能否抵扣让很多纳税人感到迷茫,并不是取得的所有增值税专用发票的进项税额都可以进行抵扣。不能抵扣进项发票,主要包括以下几种情形。

第一种情况:某些业务不能抵扣

用于简易计税方法计税项目、免征增值税项目、集体福利或者个人消费的购进货物、加工修理修配劳务、服务、无形资产和不动产,所对应的进项税额。

非正常损失所对应的进项税额。具体包括以下方面:非正常损失的购进货物,以及相关的加工修理修配劳务和交通运输服务;非正常损失的在产品、产成品所耗用的购进货物(不包括固定资产)、加工修理修配劳务和交通运输服务；非正常损失的不动产，以及该不动产所耗用的购进货物、设计服务和建筑服务；非正常损失的不动产在建工程耗用的购进货物、设计服务和建筑服务。纳税人新建、改建、扩建、修缮、装饰不动产，均属于不动产在建工程。

特殊政策规定不得抵扣的进项税额。购进的旅客运输服务、贷款服务、餐饮服务、居民日常服务和娱乐服务；财政部和国家税务总局规定的其他情形。

第二种情况：凭证不合规

纳税人取得的增值税扣税凭证不符合法律、行政法规或者国务院税务主管部门有关规定的，其进项税额不得从销项税额中抵扣。

第三种情况：资格不具备

有下列情形之一者，应当按照销售额和增值税税率计算应纳税额，不得抵扣进项税额，也不得使用增值税专用发票。

- 一般纳税人会计核算不健全，或者不能够提供准确税务资料的。
- 应当办理一般纳税人资格登记而未办理的。

作者说：电子版增值税专用发票可以抵扣进项税额吗

电子版的增值税专用发票可以抵扣进项税额。根据国家税务总局的相关规定，来源合法、真实的电子会计凭证与纸质会计凭证具有同等的法律效力，可以用于抵扣增值税进项税额。

在科技飞速发展的今天，电子发票愈发普遍。电子发票是指以电子形式生成、传输、存储的各类会计凭证，包括电子原始凭证（如电子专票）和电子记账凭证。电子专票采用可靠的电子签名代替原发票专用章，企业通过全国增值税发票查验平台，可以下载增值税电子发票版式文件阅读器，查阅电子专票并验证电子签名以及电子发票监制章有效性。

84. 只有增值税专用发票才能抵扣进项税额吗

毕程宫的几家公司增值税税负率一直很高，近期毕程宫听说一般纳税人收到增值税普通发票也能抵扣进项税额，便询问古智相关情况，之后公司可以根据可抵扣增值税的发票优化业务模式。

谁知古智张口就说："只有增值税专用发票可以抵扣，增值税普通发票绝对不可能抵扣，我根本没听过这种说法！"毕程宫当时就和古智翻了脸："增值税普通发票能抵扣进项税额的事情我都知道，你作为公司财务人员却没听过，应该多主动学习点东西了！"

问题前置：不是只有增值税专用发票才能抵扣进项税额

并不是只有增值税专用发票才能抵扣进项税额，能够用来抵扣进项税额的发票还有海关进口增值税专用缴款书、解缴税款完税凭证和部分增值税普通发票等。

以点带面：以下七种凭证可用于增值税进项税额的抵扣

很多人都误认为只有增值税专用发票才能抵扣进项税额，其实不然，除了增值税专用发票以外，还有很多凭证可以抵扣进项税额。以下七种凭证都可以用于抵扣进项税额。[18]

1. **增值税专用发票**。从销售方取得的增值税专用发票上注明的增值税税额，准予从销项税额中抵扣。

2. **海关进口增值税专用缴款书**。从海关取得的海关进口增值税专用缴款书上注明的增值税税额,准予从销项税额中抵扣。

3. 农产品收购发票或销售发票。购进农产品,按照农产品收购发票或者销售发票上注明的农产品买价和扣除率计算的进项税额准予从销项税额中抵扣。计算公式是:进项税额 = 买价 × 扣除率。买价是指纳税人购进农产品在农产品收购发票或者销售发票上注明的价款和按照规定缴纳的烟叶税。

4. 解缴税款完税凭证。从境外单位或者个人购进服务、无形资产或者不动产,自税务机关或者扣缴义务人取得的解缴税款的完税凭证上注明的增值税,准予从销项税额中抵扣。纳税人凭完税凭证抵扣进项税额的,应当具备书面合同、付款证明和境外单位的对账单或者发票。资料不全的,其进项税额不得从销项税额中抵扣。

5. 机动车销售统一发票。从销售方取得的税控机动车销售统一发票上注明的增值税,准予从销项税额中抵扣。

6. 道路、桥、闸通行费。自 2018 年 1 月 1 日起,纳税人支付的道路、桥、闸通行费,按照以下规定抵扣进项税额。

• 纳税人支付的道路通行费,按照收费公路通行费增值税电子普通发票上注明的增值税税额抵扣进项税额。

• 纳税人支付的桥、闸通行费,暂凭取得的通行费发票上注明的收费金额按照下列公式计算可抵扣的进项税额:桥、闸通行费可抵扣进项税额 = 桥、闸通行费发票上注明的金额 ÷(1 + 5%)× 5%。

7. 旅客运输凭证。纳税人购进国内旅客运输服务,其进项税额允许从销项税额中抵扣。

• 取得增值税电子普通发票的,为发票上注明的税额。

• 取得注明旅客身份信息的航空运输电子客票行程单的,为按照下列公式计算进项税额:航空旅客运输进项税额 =(票价 + 燃油附加费)÷(1 + 9%)× 9%。

• 取得注明旅客身份信息的铁路车票的,按照下列公式计算的进项税额：铁路旅客运输进项税额＝票面金额÷（1＋9%）×9%。

• 取得注明旅客身份信息的公路、水路等其他客票的，按照下列公式计算进项税额：公路、水路等其他旅客运输进项税额＝票面金额÷（1＋3%）×3%。

作者说：增值税进项税额抵扣的三种方式

增值税进项税额的抵扣有三种方式，分别是凭票抵扣、计算抵扣和核定抵扣。

1. 凭票抵扣。凭增值税专用发票、海关进口增值税专用缴款书、自税务机关或者扣缴义务人取得的解缴税款的完税凭证等进行凭票抵扣。

2. 计算抵扣。凭农产品收购发票或销售发票，道路、桥、闸通行费发票，旅客运输凭证进行计算抵扣。

3. 核定抵扣。以购进农产品为原料生产销售液体乳及乳制品、酒及酒精、植物油的增值税一般纳税人，纳入农产品增值税进项税额核定扣除试点范围，其购进农产品无论是否用于生产上述产品，增值税进项税额均按相关规定进行核定抵扣。核定抵扣的方法有两种：投入产出法、成本法。

85. 没有发票，相关费用可以入账吗

毕程宫公司的一些办公设备使用几年后，陆陆续续地出现一些问题。比如，毕程宫的计算机最近总出现问题，令他十分烦恼，便让古智联系修理师傅上门修理。修理师傅很快就修理好了计算机。修理费加上门费总计300元。

之后毕程宫向古智报销修理计算机的费用，谁知古智表示因为没有留下相关票据，所以无法入账，这笔修理费用不能报销。毕程宫觉得古智的

话确实有道理，就只好自掏腰包了。

问题前置：500 元以下的零星支出不需要发票

对于从事小额零星经营业务的个人，企业对其的支出以收款凭证及内部凭证作为税前扣除凭证，支付凭证应载明收款单位名称、个人姓名及身份证号、支出项目、收款金额等相关信息。

从事小额零星经营业务的个人，特指单次收取价款在 500 元以下的自然人。企业支付个人款项每次在 500 元以下的，可以不取得发票。

以点带面：哪些情况下企业没有取得发票也可以税前扣除

税前扣除凭证，是指企业在计算企业所得税应纳税所得额时，证明与取得收入有关的、合理的支出实际发生，并据以税前扣除的各类凭证。税前扣除凭证按照来源分为内部凭证和外部凭证。

内部凭证是指企业自制用于成本、费用、损失和其他支出核算的会计原始凭证；外部凭证是指企业发生经营活动和其他事项时，从其他单位、个人取得的用于证明其支出发生的凭证，包括但不限于发票（包括纸质发票和电子发票）、财政票据、完税凭证、收款凭证、分割单等。

以下七种情况下，企业没有取得发票时也可以进行税前扣除。[19]

1. **现金折扣**。销售方为加快销售款项的回收，按照合同条款约定，给予客户销售金额一定比例的现金折扣。销售商品涉及现金折扣的，应当按扣除现金折扣前的金额确定销售商品收入金额，现金折扣在实际发生时作为财务费用扣除，可以凭借双方合同、折扣结算单据、银行付款单据等据实扣除。

2. **未履行合同的违约金**。在没有发生购销商品、提供或者接受服务以及从事其他经营活动的情况下，因对方未履行合同而违约导致收取的违约金，不属于经营活动所得，不属于开具发票的范围，可凭违约金收款收据、相关合同或协议及银行的付款凭据在税前列支。

3. 500元以下的零星支出。这部分内容在本节"问题前置"中已经讨论过了，这里不再赘述。

4. 境外购进货物或者劳务发生的支出。企业从境外购进货物或者劳务发生的支出，以对方开具的发票或者具有发票性质的收款凭证、相关税费缴纳凭证作为税前扣除凭证。

5. 现金奖品。企业在举办促销活动时，针对客户进行抽奖，奖品为现金的，作为企业的销售费用税前扣除。支付凭证应载明中奖人姓名、身份证号、中奖人签字、支出项目、金额等信息。其支出以内部凭证和个人所得税完税证明作为税前扣除凭证。

6. 对方公司注销。因对方公司注销，无法开具发票的，可凭工商注销的相关证明资料、相关业务活动的合同或者协议、付款凭证等作为税前扣除凭证。

7. 丢失发票。取得的增值税专用发票发票联不慎丢失的，可将增值税专用发票抵扣联作为税前扣除凭证；发票联、抵扣联均丢失的，可以凭销售方提供的相应发票记账联复印件并加盖其发票专用章作为税前扣除凭证。

作者说：500元以下零星支出税前扣除规定

500元以内零星支出，提供经营业务的主体主要有两类：第一类是依法无需办理税务登记的单位，主要是指国家机关；第二类是从事小额零星经营业务的个人，指自然人。

对按次纳税的自然人，向企业提供销售、劳务或服务，每次的销售额（不含税）在500元以下，企业可凭自然人开具的个人收据在税前扣除，无需发票；自然人连续发生销售，每日累计发生的销售额作为一次，总金额在 500 元以下，企业可凭自然人开具的个人收据在税前扣除，无需发票。

例如，企业当月某一天发生一次交易，支付金额 300 元，在 500 元以下，可以凭收据列支费用；当月某一天发生两次交易，支付金额总计 450 元，当日累计在 500 元以下，可以凭收据列支费用；当月某一天发生两次交易，支付金额总计 650 元，当日累计在 500 元以上，必须取得正规发票才能列支费用；当月两日内发生五次交易，第一日支付金额总计 400 元，第二日支付金额总计 550 元，则第一日无需取得发票，第二日需取得发票。

86. 3% 的增值税专用发票能按 9% 或 10% 抵扣吗

毕程宫公司的农产品销售业务一直很稳定，公司与供应商和客户的合作也非常愉快。由于销售类目不同，公司从两个渠道采购农产品，一个是小规模纳税人，另一个是农民。

毕程宫的一个朋友正巧也做这方面的业务，两人有时会共同探讨相关问题。这天两人又聊了起来，毕程宫这才得知从小规模纳税人购买的农产品，也可以按照 9% 的税率抵扣进项税额。他不知道自己公司是不是按照这个比例抵扣的，便赶紧询问古智。

古智胸有成竹地表示，根本没有这个政策，发票上税额是多少就抵扣多少，所以只能按照 3% 来抵扣。毕程宫对古智的话半信半疑，决定再去咨询一下其他专业人士。

💰 问题前置：3% 的增值税专用发票可按 9% 或 10% 计算抵扣

一般纳税人购进农产品，从按照简易计税方法、依照 3% 征收率计算缴纳增值税的小规模纳税人处，取得增值税专用发票的，以增值税专用发票上注明的金额，以及9%或10%的扣除率计算进项税额。

以点带面：实践中的注意事项

在实践中，企业应注意以下几点内容。

1. 购进农产品。一般纳税人购进农产品，从小规模纳税人取得征收率为3%的增值税专用发票，计算进项税额抵扣销项税额；一般纳税人购进非农产品，从小规模纳税人取得征收率为3%的增值税专用发票，以票面注明的增值税税额为进项税额，从销项税额中抵扣。

2. 征收率为3%。取得的增值税专用发票的征收率为3%，才能计算抵扣；征收率不是3%的，不能计算抵扣。

3. 增值税专用发票。小规模纳税人开具征收率为3%的增值税普通发票、电子普通发票的，不能计算抵扣进项税额。只有开具3%征收率的增值税专用发票，才可以计算抵扣进项税额。

4. 计算进项税额。以增值税专用发票上注明的金额和9%或10%的扣除率计算进项税额。增值税专用发票上注明的金额不是指"价税合计"金额，而是指不含税的销售额。

5. 小规模纳税人的性质。目前的政策对小规模纳税人的性质没有明确规定，因此小规模纳税人既可以是生产企业，也可以是购进农产品再次销售的商贸流通企业。

6. 扣除率9%或10%。当纳税人购进农产品用于生产或委托加工税率为13%的货物时，计算抵扣进项税额时用10%扣除率，其余情况计算抵扣进项税额时用9%扣除率。

具体案例如下。一般纳税人A公司从某商贸企业（小规模纳税人）购进农产品，取得征收率为3%的增值税专用发票，票面注明金额100万元，征收率3%，税额3万元，价税合计103万元。

正确的计算抵扣方式是：$100 \times 9\% = 9$（万元）。以下两种计算抵扣方法都是错误的：103÷（1＋9%）×9%＝8.5（万元）和 103×9%＝9.27（万元）。

作者说：有两类发票不要勾选认证

有两类发票是可以抵扣比票面税额高的税款的，不要勾选认证，否则就只能抵扣票面税额。

一类是纳税人首次购买金税盘[①]取得的发票和每年技术服务费发票，这类发票可以全额抵减增值税；另一类是一般纳税人从小规模纳税人处购买农产品取得的征收率为3%的增值税专用发票，这类发票可以按照9%或10%的扣除率计算抵扣增值税。

87. 固定资产的确认以金额作为标准吗

随着公司不断发展，毕程宫准备招聘新员工，但现有工位及办公设备无法满足新增人员需求，这个月公司便采购了6套办公桌椅、5台笔记本电脑及2台打印机。古智在做账时，却对科目的使用举棋不定，不知道这些采购支出应该直接计入成本费用，还是计入固定资产。

公司采购的办公桌椅单价为1,500元，笔记本电脑单价为5,999元，打印机单价为1,999元。古智认为单价在2,000元以下的物品不应作为固定资产计入，但这些物品的使用年限往往不止一年，这账到底应该怎么做呢？古智心里犯了难。

[①] 金税盘，是由国家税务总局推出的一种方便企业报税的系统，主要用于企业开具发票、存储发票信息、查询发票开具和作废情况，以及对增值税申报等。

第 11 章　对财税工作常见误区的总结

🌐 问题前置：固定资产的确认不以金额作为标准

企业对固定资产的确认，需要以下面这两条规定为准。

《企业会计制度》第二十五条规定："固定资产，是指企业使用期限超过 1 年的房屋、建筑物、机器、机械、运输工具以及其他与生产、经营有关的设备、器具、工具等。不属于生产经营主要设备的物品，单位价值在 2,000 元以上，并且使用年限超过 2 年的，也应当作为固定资产。"

《小企业会计准则》第二十七条规定："固定资产，是指小企业为生产产品、提供劳务、出租或经营管理而持有的，使用寿命超过 1 年的有形资产。小企业的固定资产包括：房屋、建筑物、机器、机械、运输工具、设备、器具、工具等。"

🌐 以点带面：固定资产折旧年限及折旧方法

固定资产计算折旧的最低年限如下。
- 房屋、建筑物，为 20 年。
- 飞机、火车、轮船、机器、机械和其他生产设备，为 10 年。
- 与生产经营活动有关的器具、工具、家具等，为 5 年。
- 飞机、火车、轮船以外的运输工具，为 4 年。
- 电子设备，为 3 年。

固定资产折旧的计算方法常见的有：年限平均法、工作量法、双倍余额递减法和年数总和法。下面我们来具体了解一下这些算法。

1. 年限平均法。 年限平均法又称直线法，是最常见的折旧方法，计算方法也最简便。用这种方法，固定资产价值是随时间转移的，与使用情况无关，每期的折旧额都是固定的。它的公式是：年折旧率 =（1 − 预计净残值率）÷ 预计使用年限 ×100%。

例如，2023 年 6 月，甲公司取得一栋办公楼，该办公楼价值为 1,000

万元，使用年限为 20 年，预计净残值率为 5%。则 2023 年该办公楼计提折旧额为 23.75 万元。

这里需要注意的是，当月取得的固定资产次月开始计提折旧，所以 2023 年 6 月取得的办公楼应于 7~12 月计提折旧，2023 年共计提 6 个月折旧。年折旧率 =（1 - 5%）÷ 20 × 100% = 4.75%，2023 年计提折旧额 = 1,000 × 4.75% ÷ 12 × 6 = 23.75（万元）。

2. 工作量法。工作量法适用于交通运输企业和一些价值大且不常用的建筑施工设备，按照实际工作量计算折旧，每期的折旧额随工作量变化。这种方法的缺陷是忽略了无形损耗，固定资产即使不使用也会发生损耗。而税法规定固定资产每月都要计提折旧，那么可能会产生税会差异。它的公式是：单位工作量折旧额 = 固定资产原值 ×（1 - 预计净残值率）÷ 预计总工作量，某项固定资产月折旧额 = 该项固定资产当月工作量 × 单位工作量折旧额。

例如，乙公司有一台生产设备，拟采用工作量法计提折旧。该设备价值为 200 万元，预计总工时为 20,000 小时，预计净残值为 0。2023 年 5 月总工时为 150 小时，则 5 月该设备计提折旧额为 1.5 万元。单位工作量折旧额 = 200 ÷ 20,000 = 0.01（万元），5 月应计提折旧额 = 0.01 × 150 = 1.5（万元）。

3. 双倍余额递减法。双倍余额递减法是一种加速折旧的方法。国民经济中具有重要地位、技术进步快的电子生产企业、船舶工业企业、汽车制造企业、化工生产企业和医药生产企业以及其他经财政部批准的特殊行业的企业，其机器、设备才可采用双倍余额递减法。

在计提折旧时，不考虑资产的预计净残值，以每期期初固定资产原值减去累计折旧的净值为计算基础，以直线法折旧率的双倍为折旧率；在折旧的最后两年，将固定资产净值扣除预计净残值后使用直线法计提折旧。它的公式是：年折旧率 = 2 ÷ 预计使用年限 × 100%。

例如，某高新技术企业，其生产设备采用双倍余额递减法计提折旧。该生产设备原值为 200 万元，预计净残值为 20 万元，预计使用年限为 5

年。年折旧率＝2÷5×100%＝40%。第一年的折旧额＝200×40%＝80（万元）；第二年的折旧额＝（200－80）×40%＝48（万元）；第三年的折旧额＝（200－80－48）×40%＝28.8（万元）；最后两年采用直线法计提折旧，第四、第五年的折旧额＝（200－20－80－48－28.8）÷2＝11.6（万元）。

4. 年数总和法。 年数总和法也是一种加速折旧的方法，企业需要满足一定的条件，并报税务局批准才能使用。它的公式是：年折旧率＝尚可使用寿命÷预计使用寿命的年数总和。

例如，某企业2022年12月取得一台生产设备，采用年数总和法计提折旧。该生产设备原值为200万元，预计净残值为20万元，预计使用年限为5年。2023年折旧率＝5÷（1＋2＋3＋4＋5）＝1/3，2023年折旧额＝（200－20）×1/3＝60（万元）；2024年折旧率＝4÷（1＋2＋3＋4＋5）＝4/15，2024年折旧额＝（200－20）×4/15＝48（万元），以此类推。

综上所述，企业应该根据自身的实际情况，选择适合自身的固定资产折旧方法，同时考虑税会差异对企业利润的影响。

作者说：固定资产为什么要折旧

固定资产是企业为长期使用而购买的资产，如厂房、机器设备等，其使用年限通常较长，价值较高。在会计处理上，固定资产的购置成本并不立即作为当期的支出，而是按照其预计的使用年限分摊到每一会计期间。

这种分摊的过程称为折旧。折旧是企业为正确反映固定资产价值消耗的一种会计处理方法。通过折旧，固定资产的成本可以在其使用寿命内合理分配到各期产品成本或营业成本中。每一期的成本反映固定资产当期的实际消耗，使企业的利润计算更加准确、合理。

如果不计提折旧，或者折旧计提不正确，会导致：企业当期成本偏低，从而使得利润虚高；企业资产账面价值与其实际价值不符，资产的账面价值会一直保持在高值，而其实际价值已经随着使用年限的增加而减少；企业成本计算不准确，进而影响产品定价和盈利分析。

若将固定资产一次计入成本费用，会减少当期的利润和影响当期财务比率变动，使得财务报表失真、财务分析不准确。一次性计入成本费用不是常规的会计处理方式，通常情况下不会使用。

企业必须按照会计准则和财务制度的要求，正确计提折旧。这样企业的财务报表才能真实、公正地反映企业的经营状况和财务状况，为企业做决策提供准确的财务信息。

88. 工资未发能否先申报个人所得税

毕程宫去年扩大了公司业务规模，投入了大量现金。但去年年底部分货款无法收回，导致公司资金紧张。于是，毕程宫决定将员工的工资推迟到今年年初发放。

公司有难处，大部分员工都能理解并愿意与公司共渡难关。但高梯城在进行个人所得税汇算清缴时，却与公司翻了脸。原来高梯城在另外一家公司也有工资薪金收入，汇算清缴时发现自己要补税。他仔细核算发现，补税的其中一个原因是去年年底有两个月的工资一分钱没发，公司却给自己申报了个人所得税。

高梯城找到古智询问，古智表示虽然这两个月没发工资，但是个人所得税还是要及时申报的。高梯城极其不爽，认为这种做法不合理，工资都没有实际发放，哪里来的缴税义务？

💰 **问题前置：工资薪金以实际发放额为基础计算个人所得税**

工资薪金所得以实际发放工资时取得的收入为基础计算应纳税所得

额，扣缴义务人应当按照实际发放的工资薪金进行税款的计算，并在规定的申报期内进行税款申报。

以点带面：实务中工资未发，能否先申报个人所得税

实务中，部分企业会出现几个月发一次工资的情况，在工资未发时，就先进行了个人所得税的申报。正确的做法是，在实际发放工资的次月进行个人所得税申报。比如，9月的工资到10月发放，11月申报的是10月实际发放工资的个人所得税。

遇到几个月未发工资的情况，很多财务人员还是会按月计提工资时把个人所得税算出来，并按计提工资扣缴并申报个人所得税。这样做不仅不符合规定，而且还可能被员工举报。理论上，工资有工资所属期、工资发放期、税款所属期和税款申报期。而个人所得税申报时涉及的是工资发放期、税款所属期和税款申报期，与工资所属期无关。

工资发放期是指实际发放工资的日期，按照《个人所得税法》的规定，实际发放工资的日期所属的月份即为税款所属期，税款所属期下月的征期为该所属期税款对应的申报期。扣缴义务人应当按照工资发放期进行税款的计算，在税法规定的税款申报期内进行税款的申报。

财务人员按计提工资金额申报个人所得税是不符合税法规定的，这个问题值得企业重视。员工在汇算清缴时发现自己没收到工资，企业却申报了个人所得税，这种情况员工是可以直接在汇算清缴时申诉的，这就给企业带来麻烦。所以，企业未发工资时，不要按计提工资金额给员工申报个人所得税。

作者说：企业发放工资与申报个人所得税不同步的原因

一般情况下，员工当月的工资都会在次月发放，所以在实际工作

中，工资实际所属月份与个人所得税申报月份会存在差异，这到底是为什么呢？

因为财务人员做账时用的是权责发生制，当月结束就应该计提员工工资。比如5月要结束了，企业应支付员工5月的工资，那么工资所属期就是5月。企业实际发工资是6月10日，那6月就是工资发放期。由于企业5月时没有支付5月的工资，因此在5月就不应代扣员工5月的个人所得税。

所以，企业应在工资实际发放的月份的次月，按实际发放工资金额申报个人所得税。

第12章

财税管理必须避开的那些"坑"

89. 印花税是每家企业都要缴纳的税种吗

毕程宫要与客户洽谈新的业务，由于涉及税费的计算，他便叫上古智一起会见客户。双方在业务方面沟通得非常顺畅，开始商谈合同的签订事宜。

在谈到税费的时候，客户问及公司印花税的相关问题。古智支支吾吾表示从来没有申报过印花税，对印花税也不是很了解，认为不是每家企业都要缴纳印花税。客户碍于毕程宫的面子，委婉地表示古智不太专业。

毕程宫脸色一沉，让古智赶快查阅印花税信息，督促她尽快学习相关财务知识。

问题前置：只要发生纳税义务，就需要缴纳印花税

印花税，是对在中华人民共和国境内书立应税凭证，进行证券交易的单位和个人征收的一种税。不管是企业还是个人，只要发生印花税的纳税义务，都需要缴纳印花税。

以点带面：《中华人民共和国印花税法》的重点变化

《中华人民共和国印花税法》（以下简称《印花税法》）自2022年7月1日起正式施行，与《中华人民共和国印花税暂行条例》（以下简称《印花税暂行条例》）相比，《印花税法》有几大重点变化。

第一大重点变化，"五降一升"

承揽合同，建设工程合同（建设工程勘察设计合同），运输合同，商

标专用权、著作权、专利权、专有技术使用权转让书据等合同，税率从万分之五降为万分之三。财产保险合同，税率由投保金额的万分之零点三变为保险费的千分之一。

营业账簿，从原先按固定资产原值与自有流动资金总额的万分之五征收印花税，调整为按实收资本(股本)、资本公积合计金额的万分之二点五征收印花税；营业账簿税率减半征收，其他账簿不再征收。

第二大重点变化，"三个增加"

1. **增加四项免税凭证**。依照法律规定应当予以免税的外国驻华使馆、领事馆和国际组织驻华代表机构为获得馆舍书立的应税凭证；中国人民解放军、中国人民武装警察部队书立的应税凭证；非营利性医疗卫生机构采购药品或者卫生材料书立的买卖合同；个人与电子商务经营者订立的电子订单。

2. **增加印花税扣缴义务人规定**。纳税人为境外单位或者个人，在境内有代理人的，以其境内代理人为扣缴义务人；在境内没有代理人的，由纳税人自行申报缴纳印花税，具体办法由国务院税务主管部门规定。

3. **增加"证券交易"税目**，按成交金额的千分之一征收印花税。

第三大重点变化，"三个取消"

1. **取消尾数规定，据实计税纳税**。《印花税暂行条例》第三条规定："应纳税额不足1角的，免纳印花税。应纳税额在1角以上的，其税额尾数不满5分的不计，满5分的按1角计算缴纳。"《印花税法》无此规定，实行据实计税纳税。

2. **取消部分应税凭证**。取消《印花税暂行条例》附件税目税率表中"权利、许可证照"税目、"其他账簿按件贴花5元"的规定。

3. **取消原有罚则，按《印花税法》和税收征管法执行**。取消《印花税暂行条例》第十三条的处罚规定，统一由税务机关依照《印花税法》和

《中华人民共和国税收征收管理法》的规定征收管理。

第四大重点变化，"五个明确"

1. **明确印花税计税依据不含列明增值税金额**。应税合同的计税依据，为合同所列的金额，不包括列明的增值税税款；应税产权转移书据的计税依据，为产权转移书据所列的金额，不包括列明的增值税税款。

2. **明确规定六类合同不征收印花税**。除记载资金账簿外，其他营业账簿不征收印花税；个人书立的动产买卖合同不征收印花税；管道运输合同不征收印花税；再保险合同不征收印花税；同业拆借合同不征收印花税；土地承包经营权和土地经营权转移不征收印花税。

3. **明确纳税期限和纳税地点**。纳税期限：实行按季、按年计征的，纳税人应当自季度、年度终了之日起十五日内申报缴纳税款；实行按次计征的，纳税人应当自纳税义务发生之日起十五日内申报缴纳税款。纳税地点：纳税人为单位的，应当向其机构所在地的主管税务机关申报缴纳印花税；纳税人为个人的，应当向应税凭证书立地或者纳税人居住地的主管税务机关申报缴纳印花税；不动产产权发生转移的，纳税人应当向不动产所在地的主管税务机关申报缴纳印花税。

4. **明确记载资金账务印花税缴纳规则**。已缴纳印花税的营业账簿，以后年度记载的实收资本（股本）、资本公积合计金额比已缴纳印花税的实收资本（股本）、资本公积合计金额增加的，按照增加部分计算应纳税额。

5. **明确金额不定的应税凭证、证券交易的印花税计税依据确定规则**。应税合同、产权转移书据未列明金额的，印花税的计税依据按照实际结算的金额确定。计税依据按照前款规定仍不能确定的，按照书立合同、产权转移书据时的市场价格确定；依法应当执行政府定价或者政府指导价的，按照国家有关规定确定；证券交易无转让价格的，按照办理过户登记手续时该证券前一个交易日收盘价计算确定计税依据；无收盘价的，按照证券面值计算确定计税依据。

第 12 章 财税管理必须避开的那些"坑"

具体的印花税税目税率见表 12-1。

表 12-1 印花税税目税率表

税目		税率	备注
合同（指书面合同）	借款合同	借款金额的万分之零点五	指银行业金融机构、经国务院银行业监督管理机构批准设立的其他金融机构与借款人（不包括同业拆借）的借款合同
	融资租赁合同	租金的万分之零点五	
	买卖合同	价款的万分之三	指动产买卖合同（不包括个人书立的动产买卖合同）
	承揽合同	报酬的万分之三	
	建设工程合同	价款的万分之三	
	运输合同	运输费用的万分之三	指货运合同和多式联运合同（不包括管道运输合同）
	技术合同	价款、报酬或者使用费的万分之三	不包括专利权、专有技术使用权转让书据
	租赁合同	租金的千分之一	
	保管合同	保管费的千分之一	
	仓储合同	仓储费的千分之一	
	财产保险合同	保险费的千分之一	不包括再保险合同
产权转移数据	土地使用权出让书据	价款的万分之五	转让包括买卖（出售）、继承、赠与、互换、分割
	土地使用权、房屋等建筑物和构筑物所有权转让书据（不包括土地承包经营权和土地经营权转移）	价款的万分之五	
	股权转让书据（不包括应缴纳证券交易印花税的）	价款的万分之五	
	商标专用权、著作权、专利权、专有技术使用权转让书据	价款的万分之三	

249

（续表）

税目	税率	备注
营业账簿	实收资本（股本）、资本公积合计金额的万分之二点五	
证券交易	成交金额的千分之一	

❖ 作者说：实际结算金额与签订合同所载金额不一致的情况下如何缴纳印花税

根据《财政部 税务总局公告关于印花税若干事项政策执行口径的公告》（2022年第22号）第三条第二款规定，应税合同、应税产权转移书据所列的金额与实际结算金额不一致，不变更应税凭证所列金额的，以所列金额为计税依据；变更应税凭证所列金额的，以变更后的所列金额为计税依据。已缴纳印花税的应税凭证，变更后所列金额增加的，纳税人应当就增加部分的金额补缴印花税；变更后所列金额减少的，纳税人可以就减少部分的金额向税务机关申请退还或者抵缴印花税。

90. 公司不经营且未注销的后果是什么

毕程宫名下有一家公司一直没什么业务，处于亏损状态，他想着既然效益不好，干脆就不经营了。毕程宫于是将仅有的几个客户都转移到了其他公司，同时通知古智，这家公司以后不经营了。

一段时间后，毕程宫总是频繁地接到代理公司的电话，说他的公司目前处于吊销状态，询问是否需要解除异常。这些电话令毕程宫很费解，便找来古智询问情况。谁知古智认为公司不经营了，就什么都不用管了，既没有进行纳税申报，也没有做工商年报，这才使公司处于吊销状态。

第12章 财税管理必须避开的那些"坑"

🌑 问题前置：公司长期不经营，一定要及时注销

公司长期不经营且不注销的话，有可能被认为是异常经营，被纳入税务黑名单。一直不处理的话，还有可能会被吊销营业执照。

吊销营业执照后法定代表人、股东就会成为失信人，轻则无法注册新公司，重则会影响个人买房、买车、贷款、子女上学等。

🌑 以点带面：公司长期不经营也不注销的危害及后果

公司长期不经营也不注销，公司的法定代表人、股东办理如下事情时，会受到相关限制。

- 股东、法定代表人、监事被列入工商局黑名单，无法注册新公司。
- 法定代表人信用受损，不能贷款买房、移民。
- 如果公司有欠税款，法定代表人会被阻止出境，不能乘坐飞机和高铁。
- 如果公司以后想进行注销，要面临工商局、税务局罚款的问题。

公司一直不注销，后果只会越来越严重。随着政策和监管的完善，加入联合惩戒的部门越来越多。对比之前，现在的公司注销流程已经简化许多，不再经营的公司一定要及时注销，可以减少一定的财税风险。

年底注销公司和年后注销公司有哪些区别呢？

1. 工商年报和汇算清缴。会计年度是1月1日到12月31日，所以年后注销的公司，第二年各事项还要再做一次，相当于要做两次。

2. 各项费用支出。如房屋租赁费、办公室电子产品租赁费、代理记账费等，在年底面临续签续费事宜。

🌑 作者说：公司不再经营后，是选择转让还是注销

公司不再经营后，只有两条路可以走：一是注销，二是转让。哪种办

法更合适，要看公司的具体情况。

注销是一个一劳永逸的办法，不会有后期风险。但是缺点也很明显，注销公司有点麻烦，小规模纳税人注销相对简单，一般纳税人注销会比较复杂。

转让，本质是股权转让。转让公司的风险在于认缴制的公司转让之后，原股东依然承担连带责任。新股东若没有实缴注册资本，公司破产时，债主有权要求原股东偿还债务。

91. 员工可以自愿放弃缴纳社保吗

毕程宫的公司最近正在筹备新项目，因此招聘了许多新员工。令毕程宫欣喜的是，新入职的员工都十分优秀，不仅能力方面非常出众，而且工作态度也端正。

这天，其中一个新员工小李找到毕程宫，表示自己在老家一直有参加社保，因此不想在公司重复参保，原因有二：一来自己多交了钱，之后也未必能够享受到福利；二来也可以为公司省下这笔费用。

毕程宫听后便和古智商量，二人都觉得小李的想法不错，对公司也有好处，于是便让小李签订了放弃参加社保的协议。双方都觉得这是两全其美的一件事，毕程宫甚至还询问了其他人是否有类似的情况，打算都按照小李的方案办理。

问题前置：员工自愿放弃参加社保，用人单位仍有为其缴纳社保的义务

劳动者自愿与用人单位签订放弃参加社保的协议本身是违反法律规定的，是无效的。所以，该协议对劳动者、用人单位双方都没有法律约束

力,用人单位仍然应当承担为员工缴纳社保的义务。

以点带面:员工自愿放弃参加社保,用人单位仍然需要承担责任

用人单位有义务为员工缴纳社会保险费,这是用人单位和员工的共同责任,不能由员工单方面放弃。用人单位不能因为员工的意愿,而免除这一法定责任。如果用人单位未按时足额缴纳社会保险费,将会面临社会保险费征收机构的追缴要求,还会被处以滞纳金,并在一定情况下受到行政处罚。

社会保险是国家强制实行的社会保障制度,具有法定强制性。为员工办理社会保险是用人单位的法定义务,无论是用人单位还是劳动者都不能随意处置这项权利义务。因此,不管用人单位采取什么办法和借口,也不管与劳动者如何约定,只要没有为劳动者依法缴纳社会保险费,都属于违法行为。

用人单位不办理社会保险登记的,由社会保险行政部门责令限期改正;而逾期不改正的,对用人单位处应缴社会保险费数额1倍以上3倍以下的罚款,对其直接负责的主管人员和其他直接责任人员处500元以上3000元以下的罚款。

社会保险基数是指员工在一个社保年度的社会保险缴费基数,通常按照员工上一年度1月至12月的所有工资性收入所得的月平均额确定。新进本单位的人员以本人起薪当月的足月工资收入作为缴费基数。

作者说:社保缴足15年,就可以不再继续缴纳社保了吗

企业让员工签订放弃社保的声明,一些员工乐于接受,他们认为如果不缴纳社保,省下来的社保费以工资形式发放,实际到手的钱多了,肯定

比缴纳社保划算。还有的员工表示，自己的社保年限已缴足，无需再继续缴费了。

这些观念都是错误的。对参保人来说，最重要的险种是养老保险和医疗保险。养老保险关系到能否领养老金，医疗保险关系到就医费用能否报销。

根据中国现行的社保政策，只要员工还未到达法定退休年龄，并且继续在企业工作，就必须继续缴纳养老保险。

医疗保险，员工在停缴保险期间是无法享受医保待遇的。此外，退休后享受医疗保险待遇的缴费年限有地区差异。也就是说，如果员工的医疗保险缴费年限未达所在区域标准，退休后是无法享受相应医疗待遇的。

对于短期务工人员来说，社保同样重要。因为一旦失业或在工作中受伤，社保都能提供必要的保障。所以建议员工不要因为贪图一时的小利而放弃参加社保的权利。一些用人单位可能会许诺不上社保可以得到更高的工资，但员工多得到的这些钱，相比未来能够享受到的社保待遇，或者遭遇问题所面临的风险，得不偿失。

92. 工资与社保缴费基数必须一致吗

毕程宫听朋友说近期社保稽查比较严，便询问古智目前公司社保缴纳人数和缴费基数是否存在风险。古智回答说缴纳人数没什么问题，除了实习生没有缴纳社保以外，其他人员都已缴纳社保。但社保缴费基数目前跟员工工资金额都对不上，有比工资低的，也有比工资高的，社保缴费基数应该有很大风险。

毕程宫眉头紧锁，要求古智把全体员工的社保缴费基数与工资调整成一致，公司不能因为社保问题出现任何差池。

问题前置：社保缴费基数与当前月工资不画等号

社保缴费基数的确定与工资有关，但并不能简单地与当前月工资画等号。根据相关规定，当年个人社保缴费基数应按员工本人上年度月平均工资收入确定，而不是单纯地用某一个月的工资收入来确定。

以点带面：工资与社保之间的关系

员工上年度月平均工资收入对应的是，上一自然年（上年的1月至12月）单位支付给员工个人的工资总额平均到每个月的金额。对上年工作不满一年的员工，按照工资总额除以实际工作月数来计算。

计算公式为：员工月平均工资收入＝××年度员工个人的工资总额÷实际月数（≤12）。其中，员工月平均工资收入是按国家统计局规定列入工资总额统计的项目收入，包括计时计件工资、奖金、津贴和补贴、加班加点工资、特殊情况下支付的工资等。工资总额是税前工资，包括单位从个人工资中直接代扣或代缴的个人所得税、社会保险金、住房公积金、职业年金等个人应缴纳部分。

计算出员工月平均工资收入后，就能知道其准确的缴费基数了，主要可以分为以下三种情况：

员工工资收入高于当地上年度员工平均工资300%的，以当地上年度员工平均工资的300%为缴费基数。

员工工资收入低于当地上年度员工平均工资60%的，以当地上年度员工平均工资的60%为缴费基数。

员工工资收入在当地上年度员工平均工资的60%～300%之间的，以其实际月平均工资收入为缴费基数。员工工资收入无法确定时，其缴费基数按当地劳动行政部门公布的当地上年度员工平均工资确定。

例如，张三2023年全年应发工资为1月至12月的每月工资7,000元，

12月年终奖金 12,000 元。那么，张三上年度月平均工资收入 =（7,000×12 + 12,000）÷12 = 8,000（元/月）。

社保缴费基数有上限和下限。员工上年度月平均工资收入低于本地当年公布的缴费基数下限的，根据基数下限缴费；高于缴费基数上限的，高出部分不计入缴费基数。

作者说：社保挂靠可能会受到以下处罚

社保挂靠是指个人或企业通过非正规途径，虚构劳动关系或伪造证明，以达到缴纳社会保险的目的。这种做法存在极大的风险，不仅违反了法律规定，还可能给个人和企业带来严重后果。

对个人的风险

1. **涉嫌骗保，情节严重的可能入刑**。任何单位和个人不得通过虚构劳动关系、伪造证明材料等方式获取社会保险参保和缴费资格。社会保险行政部门在办理案件时发现单位和个人涉嫌社会保险欺诈犯罪的，应当依法向同级公安机关移送案件。

2. **个人权益损失**。挂靠的企业存在被稽查的风险，甚至可能出现企业跑路的情况，这会导致个人权益受损。

3. **可能会被纳入失信人员名单**。2019 年，人社部出台了《社会保险领域严重失信人名单管理暂行办法》，明确将"以欺诈、伪造证明材料或者其他手段违规参加社会保险，违规办理社会保险业务超过 20 人次或者从中牟利超过 2 万元的"，列为社会保险严重失信人名单。

对企业的风险

1. **犯罪风险**。虚构劳动关系可能构成犯罪，根据《社会保险费征缴监督检查办法》，企业可能面临警告和罚款，甚至刑事责任。

2. 巨额赔偿风险。 挂靠人员有权要求企业支付工资和福利待遇，如出现工伤事故，企业可能需要承担巨额赔偿。

社保挂靠是极其危险且不合法的行为。个人和企业都应遵守法律规定，通过合法途径参加社保，以免造成不必要的法律风险和经济损失。对个人来说，合法缴纳社保是保障自身权益的重要手段；对企业来说，遵守法律规定，不参与社保挂靠，是保障企业长远发展的正确选择。

93. 只有高新技术企业才能享受研发费用加计扣除吗

毕程宫的公司近期正打算研发智能家居的新技术，这项技术可以给人们生活带来诸多便利，但是前期各种设备购置费用和人员工资都是不小的开销。正在毕程宫苦恼的时候，古智带来了一个好消息，她说公司可以享受研发费用加计扣除，这样就可以抵扣更多的企业所得税了。

毕程宫听完大喜，这可真是个好政策，便赶忙让古智去办理。

💰 问题前置：并不是只有高新技术企业才可以享受研发费用加计扣除

企业开发新技术、新产品、新工艺的研究开发费用支出，可以在计算应纳税所得额时加计扣除。不论是高新技术企业，还是非高新技术企业，只要是会计核算健全、实行查账征收，并能准确归集研究开发费用的居民企业，均可以享受研发费用加计扣除优惠政策。

💰 以点带面：研发费用加计扣除，有六个"不"要牢记

企业开展研发活动中实际发生的研发费用，未形成无形资产计入当期

损益的，在按规定据实扣除的基础上，自 2023 年 1 月 1 日起按照实际发生额的 100% 在税前加计扣除；形成无形资产的，自 2023 年 1 月 1 日起按照无形资产成本的 200% 在税前摊销。

第一个"不"

企业属于下列范围，则发生的研发费用不允许加计扣除：烟草制造业、住宿和餐饮业、批发和零售业、房地产业、租赁和商务服务业、娱乐业、财政部和国家税务总局规定的其他行业。

第二个"不"

企业从事的研发属于下列活动，则发生的研发费用不允许加计扣除：企业产品（服务）的常规性升级；对某项科研成果的直接应用，如直接采用公开的新工艺、材料、装置、产品、服务或知识等；企业在商品化后为顾客提供的技术支持活动；对现存产品、服务、技术、材料或工艺流程进行的重复或简单改变；市场调查研究、效率调查或管理研究；作为工业（服务）流程环节或常规的质量控制、测试分析、维修维护；社会科学、艺术或人文学方面的研究。

第三个"不"

企业的企业所得税实行核定征收，由于会计核算不健全，则发生的研发费用不允许加计扣除。只有查账征收的企业，发生的研发费用才允许加计扣除。

第四个"不"

不属于以下费用范围的研发费用不得加计扣除。

1. 人员人工费用。 直接从事研发活动人员的工资薪金、基本养老保险费、基本医疗保险费、失业保险费、工伤保险费、生育保险费和住房公积金,以及外聘研发人员的劳务费用。

2. 直接投入费用。研发活动直接消耗的材料、燃料和动力费用;用于中间试验和产品试制的模具、工艺装备开发及制造费,不构成固定资产的样品、样机及一般测试手段购置费,试制产品的检验费;用于研发活动的仪器、设备的运行维护、调整、检验、维修等费用,以及通过经营租赁方式租入的用于研发活动的仪器、设备租赁费。

3. 折旧费用。用于研发活动的仪器、设备的折旧费。

4. 无形资产摊销。用于研发活动的软件、专利权、非专利技术(包括许可证、专有技术、设计和计算方法等)的摊销费用。

5. 新产品、新工艺的设计费、制定费、试验费。新产品设计费、新工艺规程制定费、新药研制的临床试验费、勘探开发技术的现场试验费。

6. 其他相关费用。与研发活动直接相关的其他费用,如技术图书资料费、资料翻译费、专家咨询费、高新科技研发保险费、研发成果的检索、分析、评议、论证、鉴定、评审、评估、验收费用,知识产权的申请费、注册费、代理费、差旅费、会议费等。此项费用总额不得超过可加计扣除研发费用总额的10%。

7. 财政部和国家税务总局规定的其他费用。

第五个"不"

• 未留存备查以下相关资料的研发费用,不得加计扣除。需留存备查资料如下。

• 自主、委托、合作研究开发项目计划书,以及企业有权部门关于自主、委托、合作研究开发项目立项的决议文件。

• 自主、委托、合作研究开发专门机构或项目组的编制情况和研发人员名单。

• 经科技行政主管部门登记的委托、合作研究开发项目的合同。

• 从事研发活动的人员(包括外聘人员)和用于研发活动的仪器、设备、无形资产的费用分配说明（包括工作使用情况记录及费用分配计算证据材料）。

• 集中研发项目研发费决算表、集中研发项目费用分摊明细情况表和实际分享收益比例等资料。

• 研发支出辅助账及汇总表。

• 企业如果已取得地市级（含）以上科技行政主管部门出具的鉴定意见，应作为资料留存备查。

第六个"不"

会计核算出现下列情况的研发费用不得加计扣除。

• 企业未按照国家财务会计制度要求，对研发支出进行单独会计处理。

• 对享受加计扣除的研发费用未按研发项目设置辅助账，也没有准确归集核算当年可加计扣除的各项研发费用实际发生额。

• 企业在一个纳税年度内进行多项研发活动的，未按照不同研发项目分别归集可加计扣除的研发费用。

• 企业应对研发费用和生产经营费用分别核算，准确、合理归集各项费用支出，对划分不清的，不得实行加计扣除。

● 作者说：研发费用加计扣除的五个误区

1. 只有高新技术企业才可以享受研发费用加计扣除。 如前所述，非高新技术企业（除负面清单行业外）只要会计核算健全、实行查账征收，并能准确归集研究开发费用，均可以享受研发费用加计扣除优惠政策。

2. 只有专门从事研发活动的人员发生的人工费用才允许享受研发费用加计扣除。 不仅专门从事研发活动的人员发生的人工费用可以享受研发费用加计扣除，其他从事研发活动同时也承担生产经营管理等职能的人员，也可归为研究开发人员。例如，一个员工可能同时参与研发活动和日常的业务运营，他的工资费用在计算研发费用加计扣除时，可以按照合理的方法，比如按实际工时占比等进行分摊。

3. **亏损企业不能享受研发费用加计扣除**。只要企业符合条件，无论其是否处于亏损状态，都可以享受研发费用加计扣除。亏损企业当年不需要缴纳企业所得税，享受加计扣除政策将进一步加大亏损额，这些未弥补的亏损可以在以后年度结转弥补。

4. **失败的研发活动不能享受研发费用加计扣除**。《国家税务总局关于研发费用税前加计扣除归集范围有关问题的公告》（2017年第40号）明确指出，失败的研发活动所发生的研发费用可享受税前加计扣除政策。这一政策的目的在于鼓励企业进行研发活动，无论是成功的还是失败的研发，只要符合相关规定，都可以享受税收优惠。

5. **自主研发项目需事先通过科技部门鉴定或立项，还需要到税务部门备案后才能享受研发费用加计扣除**。国家税务总局明确企业享受税收优惠时，采取"自行判别、申报享受、相关资料留存备查"的办理方式，在年度纳税申报及享受优惠事项前无需再履行备案手续，也无需再报送备案资料，原备案资料全部作为留存备查资料保留在企业。

94. 公司的钱就是老板的钱吗

公司近几年业绩节节攀升，效益十分不错，毕程宫花钱也变得越来越大手大脚了。古智对此十分忐忑不安，原因是毕程宫花了公司的很多钱给自己办私事，比如给他太太办健身卡、美容卡等。古智一开始还没太在意，但是次数多了，便觉得这么做对公司风险太大。

这天，毕程宫又要古智为自己的花销付款。古智鼓起勇气对毕程宫表示，他不能总是这样花公司的钱给自己办私事，因为公司的钱并不是老板个人的。毕程宫一听，当场发飙："公司都是我的，钱怎么不是我的了？"

💰 问题前置：公司的钱不是老板的钱

公司的钱是公司创建时投资者投入的钱、筹资借来的钱和公司营业运作产生的收益，是由公司的投资活动、经营活动、筹资活动产生的。所以，公司的钱不仅仅是老板的钱。

💰 以点带面：公司的钱老板随意取支有极大风险

部分老板认为，公司是自己创办的，或者自己是大股东，便理所当然地认为公司的钱就是自己的钱，于是经常从公司的账户上直接提取现金或者转账到自己的银行卡上。

其实这种观点是错误的。任意使用公司的财产，将公司财产与个人财产混同，会给老板个人带来巨大的法律风险。因为公司和老板是两个不同的法律实体，它们之间存在着明显的法律、财务和税务界限，所以公司的钱不是老板的钱。

公司是一个独立的法律主体，拥有自己的权利和义务。公司的钱是指公司作为法律主体所拥有的资产，而老板的钱是指其个人所拥有的资产。

公司的财务报表是独立于老板个人的，公司的收入、支出和利润都应当单独核算，不能与老板的个人财务混合。如果老板将公司的钱用于个人消费或他用，就会导致财务界限模糊，可能引发财产混同的问题。

公司的钱和老板个人的钱在税务处理上也是分开的。公司需要按照税法规定缴纳企业所得税；而老板从公司获得的收入，例如工资、奖金或者分红，也需要按照税法规定缴纳个人所得税。如果老板将公司的钱视为自己的钱，不按规定缴纳税款，就会面临税务风险。

另外，如果公司的钱和老板的钱混在一起，一旦公司发生债务问题，可能会导致老板个人承担无限连带责任。所以，公司的钱老板不能随意处置。

作者说：公司的钱可以用于个人消费吗

公司账户的钱属于公款，不能用于老板或股东个人的日常消费。对公账户支付个人日常消费的行为，会带来一系列的法律和财税风险。

1. **可能构成偷税漏税**。如果公司将本应用于经营活动的资金用于股东的个人消费，将这些消费作为公司成本进行税前扣除，会导致公司利润减少。这种做法可能构成偷税漏税，一旦被税务机关发现，可能会受到严厉的处罚，包括罚款和补缴税款等。

2. **可能构成挪用公款**。公司资金应当仅用于公司的合法经营活动。将这部分资金用于个人消费，即使是公司所有者，也可能构成挪用公款。金额较大或时间较长的情况，可能会导致刑事责任。

3. **可能构成洗钱**。频繁地将公司资金转移到个人账户，可能涉嫌洗钱行为。相关责任人需要承担刑事责任。

除了上述风险外，使用公司对公账户支付个人消费还可能违反《公司法》等相关法律法规。责任人需承担相应法律责任，包括但不限于罚款、没收违法所得，甚至可能面临刑事责任。

95. 什么是虚开发票

古智近期一直在努力学习财务知识，对工作的处理也更加得心应手，总算没有再出什么差错。正当她觉得一切正顺利进行的时候，突然接到了税务局的电话，被告知前段时间他们公司收取了一张30万元的增值税专用发票涉嫌走逃发票，税务局要求古智拿着对应的合同和付款记录去税务局协助调查。

古智想起毕程宫之前确实给过自己一张30万元的发票，便找到毕程宫询问，谁知毕程宫认为发票没什么问题，简单说了两句便有事离开了。

古智只好拿着材料赶到税务局，税务局表示这张发票属于虚开发票，需要公司调账、补税，还要缴滞纳金。古智虽然疑惑，也只能先照办了。

回到公司后，古智向毕程宫说明了情况，毕程宫这才傻了眼，原来是他通过其他公司走了笔账，以为不会被发现，这可真是"聪明反被聪明误"。

问题前置：虚开发票是一种违法行为

有些企业开具增值税专用发票后，并未按照规定缴纳税款，这种违法行为被称为虚开发票后走逃（失联）。

以点带面：取得的发票被列为异常凭证怎么办

企业取得的发票被列为异常凭证怎么办？税务机关通常会要求企业提供相关业务发生的证据，如发票、资金流、对应物流凭据等，也会对开票企业进行对应的调查，最终调查的结果有两种可能。

1. 税务机关最终判定走逃企业开具的发票不属于虚开发票。这时，企业可以正常抵扣进项税额，并在企业所得税前扣除该部分成本费用。

按照相关税法规定，必须具备如下条件，才能判断其不属于虚开发票。

• 纳税人向受票方纳税人销售了货物，或者提供了增值税应税劳务、应税服务。

• 纳税人向受票方纳税人收取了所销售货物、所提供应税劳务或者应税服务的款项，或者取得了索取销售款项的凭据。

• 纳税人按规定向受票方纳税人开具的增值税专用发票相关内容，与所销售货物、所提供应税劳务或者应税服务相符，且该增值税专用发票是纳税人合法取得并以自己名义开具的。

2. 税务机关最终判定走逃企业开具的发票属于虚开发票。企业取得的对应发票将不能正常抵扣进项税额，并且在企业所得税汇算时也必须调增处理。

在实务中，企业走逃发票又被分为善意取得和恶意取得两种情况。如果是善意取得，取票方企业不会面临处罚；如果是恶意取得，取票方企业将面临税务机关的处罚。

当企业的发票被列为异常凭证时，企业应积极配合税务机关的调查，提供相关证据和资料，以证明发票的真实性和合法性。如果最终税务机关判定发票不属于虚开，企业就可以正常抵扣进项税额，并在企业所得税前扣除该部分成本费用。如果最终税务机关判定发票属于虚开，企业应证明自己是在不知情的情况下开的发票，属于善意取得，但需要补缴增值税，并做企业所得税的纳税调增。

作者说：收到虚开增值税专用发票对企业有什么影响

如果企业收到虚开增值税专用发票，会面临以下影响。

1. **进项税额转出**。企业必须将原本可以抵扣的进项税额做转出处理，这意味着企业需要补缴相应的增值税和附加税费，以及可能产生的滞纳金。

2. **企业所得税调整**。如果企业被认为是恶意取得虚开发票，且无法证明业务的真实性，就需要按照不含税金额调增应纳税所得额，并补缴相应的企业所得税和滞纳金。

3. **税务罚款**。税务机关可以根据征管法规对涉事企业给予罚款，以惩罚其不当行为。

4. **刑事处罚**。如果虚开发票的行为情节严重，企业可能会涉嫌"虚开增值税发票罪"，这可能导致刑事处罚，包括刑事责任和刑罚。

5. **纳税信用评级影响**。企业的年度纳税信用评级可能会因为此类事件而受到扣分，影响企业的信誉和未来的税务待遇。

纳税人应遵守法律法规，不存侥幸心理，不从非法渠道获取增值税专用发票用于抵扣税款。企业应加强采购流程管理,对于价格明显偏低、物流成本半径以外的货物,应谨慎采购。同时,企业应确保采购过程中的内控制度,保证货流、物流、资金流、发票的一致性,以防止虚开问题的发生。

96. 合同对税收有什么影响

随着互联网行业的快速发展,毕程宫也跟风开展了软件开发业务。高梯城马不停蹄地联系意向客户,终于与一些客户达成共识,准备签订合同。

毕程宫询问古智开相关发票的税率是多少,古智答道:"如果签订的是软件服务合同,增值税税率是6%;如果签订的是软件销售合同,增值税税率是13%。"毕程宫听后满心欢喜,让高梯城与客户签订软件服务合同,发票按照6%开具。

毕程宫还没高兴太久,高梯城便打来电话,说客户明确表示应签订的是软件销售合同,要按13%的税率开具发票。客户表示这样能多抵扣进项税额,毕程宫的公司还能享受即征即退的政策。毕程宫听后连忙叫来古智询问。

💲 问题前置:软件企业可享受增值税即征即退政策

一般纳税人销售其自行开发生产的软件产品,按13%税率征收增值税后,对其增值税实际税负超过3%的部分,实行即征即退政策。

💲 以点带面:合同条款对税收的影响

企业在签订经济合同的时候,有时只注重合同中有关内容、法律条文等的表达,却忽略了其对企业税收的影响,给企业后续发展带来了极大的风险。

1. 合同条款对税目和税率的影响。例如软件开发、销售公司，销售自主研发、生产的软件产品，如签订的是销售软件合同，应按13%的税率开具增值税发票；如签订的是软件服务合同，应按6%的税率开具增值税发票。

2. 合同条款对税额的影响。合同中标明的价格是否为含税价对企业税收产生不同影响。合同中的价格是否含有增值税，对企业进行增值税的抵扣与缴纳有着重要影响。例如，合同中注明价格是113万元，税率为13%。如果是含税价，那商品价款是100万元，增值税是13万元，价税合计113万元。如果是不含税价，商品价款是113万元，增值税是14.69万元，价税合计127.69万元。

3. 合同条款对计税依据的影响。合同中是否列明含税价和不含税价，对计算印花税的计税依据有着重要影响。例如，合同中约定含增值税价格是113万元，标明增值税税率是13%，不含增值税价格是100万元。那么，印花税要以合同列明的不含增值税价格100万元作为计税依据；如果合同并未标明不含增值税价格，则要以含税价113万元作为印花税的计税依据。

4. 合同条款对计税方式的影响。例如，一家身份为一般纳税人的物流公司，签署仓储费用为50万元/月，如果在合同中未列明计税方式，则增值税计税方式存在两种可能：一是按照一般计税法，用6%的税率开具增值税发票和计算缴纳增值税；二是简易计税法，用3%的征收率开具增值税发票和计算缴纳增值税。

作者说：财务人员一定要参与合同的签订

为什么需要财务人员参与合同的审核？财务人员参与合同审核是企业内部控制体系的重要组成部分，这有助于确保合同的合法性、合规性以及财务稳健性。

1. 确保合同符合相关法律法规要求。财务人员能够审核合同是否符合相关的税法、会计准则和财务规定。例如，合同中的价格、付款条款和折扣等需要符合税法规定，以及确保会计处理符合会计准则。

2. 确保合同遵守企业内部政策及行业规定。财务人员可以检查合同是否遵守了企业的内部政策以及行业规定，比如反贿赂、反洗钱等法律要求。

3. 避免财务风险。财务人员能够进行风险评估，确保合同中的财务条款不会导致企业出现财务风险。比如，合同中的预付款、押金或违约金等条款可能会影响企业的现金流。

4. 避免支付风险。财务人员可以评估合同中的支付条件，比如信用期限、付款方式等，以避免出现支付风险。

5. 避免企业遭受损失。财务人员可以审核合同中的价格条款，确保采购价格或销售价格符合市场标准，避免企业遭受损失。

6. 进行有效税务规划及合规。财务人员可以确保合同条款符合税务规定，以便企业进行有效的税务规划和合规。比如，合同中的收入确认条款需要符合税法规定，以确保企业在正确的时间点确认收入。

财务人员参与合同审核是从财务角度确保合同的合法性、合规性、效益性和风险可控性的重要环节。这不仅有助于保护企业的财务利益，也有助于提升企业的整体运营效率和市场竞争力。

97. 销售折让和现金折扣的区别是什么

古智整理往来账的时候，发现有很多款项还未收回，便让高梯城催促客户尽快付款。由于其中有几个是公司的大客户，高梯城不好一直催促，便与毕程宫商量，看看能否给这些客户一些折扣，让公司能够尽快地收回款项。毕程宫也认为这个办法不错，便爽快地同意了。

第12章 财税管理必须避开的那些"坑"

果然没过几天,客户的款项就到账了。但古智发现开票金额与实际收款金额不一致,要求对方把发票退回,重新开具,否则无法做账。高梯城无奈与对方公司财务人员沟通换开发票事宜,没想到对方公司不但不配合,还指责古智极为不专业,这让高梯城有点不知所措。

💰 问题前置:现金折扣不需要开具发票,可税前扣除

现金折扣不需要开具发票,也不需要换开销售额发票,在实际发生时作为当期财务费用处理。

现金折扣是一种鼓励赊购者尽快还款的优惠政策,它对应收账款金额的初始确认没有影响,但对最终收回的款项有影响。

💰 以点带面:现金折扣和销售折让的区别

现金折扣和销售折让是商业交易中两种不同的价格调整方式。

现金折扣是销售方为了鼓励购货方尽早支付账款而提供的价格优惠,如果购货方在规定的折扣期限内支付完款项,就可以享受这个折扣。例如,如果卖方提供 "2/10, n/30" 的支付条款,表示应在30天内付清款项,但如果购货方在10天内支付完款项,可以享受2%的折扣;如果超过10天但在30天内支付,则必须全额支付。

销售折让则是因商品或服务的质量问题、运输损坏、错误发货或者客户投诉等原因,卖方在交易完成后同意降低销售价格的一种做法。销售折让可能是部分退还已收款项,或者直接减免应收取的款项。

💰 作者说:现金折扣和销售折让在会计处理上的不同

在企业的日常销售活动中,为了促进销售、提高客户满意度或者调整

销售策略，常常会采取各种促销方式。现金折扣和销售折让是两种常见的促销手段，但在会计处理上，它们有着显著的不同。

1. 现金折扣的会计处理。现金折扣在会计处理上被视为一种理财费用，计入企业的财务费用科目。当客户在规定的时间内支付款项并享受了现金折扣时，企业应将折扣金额从应收账款中减去，并将该差额记入财务费用科目。这种处理方式体现了企业为了加快资金回笼所付出的代价。

例如，企业销售商品给 A 客户，合同金额为 10,000 元，现金折扣条件为 "2/10，n/30"（即 10 天内付款享受 2% 的折扣，30 天内全额付款）。如果 A 客户在 10 天内支付了款项，则实际支付金额为 9,800 元（10,000×98%）。在会计处理上，企业应按 10,000 元确认收入，将 200 元的折扣金额记入财务费用科目。

2. 销售折让的会计处理。销售折让在会计处理上应直接冲减销售收入。当企业发生销售折让时，企业应将折让金额从原销售收入中减去。这种处理方式反映了企业因商品质量或规格问题而向客户做出的补偿。

例如，企业销售给 B 客户的商品存在质量问题，经协商决定给予 B 客户 1,000 元的销售折让。在会计处理上，企业应将 1,000 元冲减销售收入。

98. 混合销售和兼营行为的区别是什么

功夫不负有心人，高梯城谈了小半年的一笔订单终于要签约了，该订单业务是一批空调的销售和安装。为了不出意外，高梯城还特意与古智一起拟定了合同。古智这次提前做了很多功课，特意把合同里销售项目和安装项目分项列示，税率分别用的是 13% 和 9%。

当高梯城拿合同给毕程宫看时，毕程宫还夸古智想得周到，不仅合同写得专业，同时为公司省下了税费。可当客户看到合同后，却认为相关业务属于混合销售，税率都应该用 13%。这让高梯城非常疑惑，不知道怎么办才好。

问题前置：混合销售，应按照主业适用的增值税税率开具发票

一项销售行为如果既涉及服务又涉及货物，就被称为混合销售。从事货物的生产、批发或者零售的单位和个体工商户的混合销售行为，按照销售货物缴纳增值税。

以点带面：混合销售和兼营行为的区别

随着社会经济的发展和进步，企业中普遍存在混合销售和兼营行为，企业在日常经营活动中，只有准确区分两者的异同，才能更好地进行税务处理。但是，很多企业经常将混合销售与兼营行为混淆，导致企业重复纳税或者税收负担过重等情况，严重影响了企业的经济效益。

混合销售

例如，张三去商场购买了一台抽油烟机，商场还提供送货服务。所以，商场既提供了这台抽油烟机的销售，又提供了送货服务，两者是同一项销售行为产生的，就属于是混合销售。

1. **混合销售的一般税务处理，需要按主业缴税。** 这部分内容在本节"问题前置"中已经讨论过了，这里不再赘述。

2. **混合销售的特殊税务处理，需要分别核算纳税。** 一般纳税人销售自产机器设备的同时提供安装服务，应分别核算机器设备和安装服务的销售额，安装服务可以按照甲供工程选择适用简易计税方法计税；一般纳税人销售外购机器设备的同时提供安装服务，如果已经按照兼营的有关规定，分别核算机器设备和安装服务的销售额，安装服务可以按照甲供工程选择适用简易计税方法计税。

兼营行为

兼营行为是指纳税人的经营范围既包括销售货物和加工修理修配劳务，也包括销售服务、无形资产或者不动产，并且这些不同的经营项目不同时发生在同一项销售行为中。

例如，张三去商场购买了一台抽油烟机，同时在商场吃了炸鸡。商场既销售了货物又提供了餐饮服务，但是销售货物和提供餐饮服务之间没有联系，应该分别核算销售与服务行为，这就属于兼营行为。

在兼营行为的税务处理中，因为分别核算销售额，所以适用不同的税率或者征收率；未分别核算销售额的，从高适用税率。

作者说：销售货物同时提供运输服务，应该属于兼营行为还是混合销售

企业销售货物同时提供运输服务，属于混合销售吗？能否分别适用不同税率开票？这种情况属于混合销售，应按主业适用的增值税税率开具发票。除此之外，还可能存在以下其他情形。

情形一，A公司销售货物并委托B公司完成运输服务。B公司向A公司开具运输发票，A公司则向客户收取货款和运费。在这种情况下，A公司收取的运输费用属于价外费用，按照货物适用的税率开具增值税发票。客户收到的发票只有一种。

情形二，A公司销售货物并委托B公司完成运输服务，但B公司直接向客户开具运输发票，而不是开给A公司。在这种情况下，A公司只向客户收取货款。A公司销售货物按照货物适用税率开具增值税发票，而B公司提供运输服务，开具税率为9%的运输发票。客户会收到两种发票。

对于客户来说，如果两种情形下的运费支出相同，可能会选择情形一，因为这样可以获得13%高税率的抵扣利益。而对于A公司来说，从

纳税筹划的角度出发，可能会倾向于选择情形二，因为这样可以减少公司的税负成本。

99. 存货过期报废是否要做进项税额转出处理

毕程宫的公司近两年在线上销售零食，投入了不少资金和精力，业绩却不尽如人意。最近盘点时，毕程宫发现不少存货都已过期，只能无奈地将过期货物进行销毁，准备放弃这个项目。

古智这天找到毕程宫，说这些货物当时抵扣了进项税额，过期必须要做进项税额转出处理。毕程宫虽心有不甘，但也只能按照规矩办事，便让古智赶紧处理。

心烦多日后，毕程宫约着朋友闲聊，说到此事时，朋友却说这个进项税额是可以抵扣的，完全不需要转出，毕程宫瞬间"一个头两个大"。

问题前置：货物"非正常损失"才需要做进项税额转出处理

增值税范畴下货物的"非正常损失"，即"因管理不善造成货物被盗、丢失、霉烂变质，以及因违反法律法规造成货物或者不动产被依法没收、销毁、拆除的情形"。只有这些情形下的货物"非正常损失"，才需要做进项税额转出处理。

以点带面：过期商品是否属于"非正常损失"

根据相关规定，过期商品属于"非正常损失"的，应符合以下情形之一。

1. **商品因违反法律法规而被迫过期**。例如，产品不合格被国家相关部门封存禁止销售，这种情况下商品的过期应被视为"非正常损失"。企业需要将相应的进项税额转出，即将已抵扣的税款从税务申报中扣除。

2. **商品因企业管理不善而过期**。例如，存货露天存放导致损毁，应被视为"非正常损失"。在这种情况下，同样需要将相应的进项税额转出。

如果商品在没有违反法律法规且正常妥善保管的情况下，因销售不畅而过期，这种情况通常不被视为"非正常损失"，企业也不需要进行进项税额转出。

作者说：临期商品低价出售，是否需要做进项税额转出处理

对于临期商品低价出售，是否需要做进项税额转处理，可参考《增值税暂行条例》第十条，具体内容是：

下列项目的进项税额不得从销项税额中抵扣：

• 用于简易计税方法计税项目、免征增值税项目、集体福利或者个人消费的购进货物、劳务、服务、无形资产和不动产。

• 非正常损失的购进货物，以及相关的劳务和交通运输服务。

• 非正常损失的产品、产成品所耗用的购进货物（不包括固定资产）、劳务和交通运输服务。

• 国务院规定的其他项目。

依据上述规定，将临近过期日的商品低价出售，不需要做进项税额转出处理。

实务中的降价销售行为，即售价低于当期同类商品正常销售价格但高于成本的行为，应按正常的销售行为处理，不存在进项税额转出问题。如果销售价明显偏低甚至低于成本且无正当理由，由税务机关核定其计税销售额。但鲜活商品过时产品的降价甚至低于成本价销售，只要属于企业正常

的营销手段，其进项税额不需要转出，也不应由税务机关核定计税销售额。

《增值税暂行条例》第七条所称价格明显偏低并无正当理由，或者有《增值税暂行条例实施细则》第四条所列视同销售货物行为而无销售额者，按下列顺序确定销售额：

- 按纳税人最近时期同类货物的平均销售价格确定。
- 按其他纳税人最近时期同类货物的平均销售价格确定。
- 按组成计税价格确定。组成计税价格的公式为：组成计税价格＝成本×（1＋成本利润率）。属于应征消费税的货物，其组成计税价格中应加计消费税额。

上面公式中的成本是指：销售自产货物的为实际生产成本，销售外购货物的为实际采购成本。公式中的成本利润率则由国家税务总局确定。

100. 个人抬头的发票能入账吗

毕程宫的公司新入职了3名实习生，按照公司规章制度，新入职的员工要做入职体检，转正后公司可以报销体检费用。3名实习生实习期过后，均已转正。

3名员工拿着自己的体检收据要求进行报销，却被古智拒绝了。古智认为收据上的名称是个人的名字，不是公司的名称，无法做账和在税前扣除，便退回报销单据。这让3名新员工很不开心，他们认为入职公司前已说好，转正后可以报销该项，但现在以发票抬头不合规为由不予报销，是公司故意找碴儿刁难。

毕程宫得知此事后，把古智训斥了一顿，告诉她不能因为几百块钱的报销费，让员工对公司失去信任。然后，他还让古智亲自跟3名员工道歉，并报销了他们的体检费用。

💲 问题前置：个人抬头的发票能不能报销

只要是真实发生的经济业务，企业就应当按照交易或者事项的经济实质进行会计确认、计量和报告，不应仅以交易或者事项的法律形式为依据。个人抬头发票能报销的前提是：真实发生的费用与企业经营活动有关。

💲 以点带面：六种个人抬头的票据可以在税前扣除

在企业的日常运营中，发票是记录和证明交易的重要凭证。由于个人抬头的发票可能难以区分是个人还是企业的支出，因此，在通常情况下，与企业经营活动相关的支出都应取得企业抬头的发票。但在某些特定情况下，个人抬头的发票也是可以被接受的。以下是一些允许使用个人抬头发票进行税前扣除的情况，前提是要与企业经营相关。

一是企业员工因工作原因受伤或生病所需的医疗费用，如果取得了个人抬头的医药费票据，可以在企业所得税前按比例或全额扣除。

二是员工因公出差所购买的机票、火车票及人身意外保险，即使是个人抬头，也可以在企业所得税税前扣除。

三是企业支付的符合职工教育费范围的职业技能鉴定、职业资格认证等经费支出，如果取得个人抬头的票据，可以在企业所得税前扣除。

四是企业为新入职员工支付的体检费用，如果取得个人抬头的发票，可以在企业所得税前扣除。

五是企业为因公出差的员工报销的个人抬头的财政收据的签证费，可以在企业所得税前扣除。

六是企业支付给外籍员工的住房补贴，如果员工凭发票实报实销，且发票抬头为个人，允许在企业所得税前扣除。

需要注意的是，虽然上述个人抬头发票可以在企业所得税前扣除，但并不适用于增值税的抵扣。增值税的抵扣规则通常更为严格，需要符合特定的条件。

作者说：发票开具的其他问题

开具增值税发票是企业日常运营中的重要环节，涉及财务合规性和税务申报。以下是企业在进行发票开具时，需要特别注意的一些问题。

- 开具增值税发票时，应准确填写购买方和销售方的信息，包括名称、地址、电话、纳税人识别号等。确保所有信息真实、完整、准确。

- 开具增值税发票时，应按照实际销售的商品或服务进行开具，不得变更商品名称或按照客户不合理的要求开具。确保发票上的商品名称与实际销售商品一致。

- 开具增值税发票时，应确保发票金额与实际交易金额一致。任何虚假记载、故意更改金额或者开具与实际交易不符的发票，都属于违法行为。

- 企业应在发生销售行为后及时开具增值税发票。延迟开具发票可能导致延迟纳税等税务问题，影响企业的信用等级。

- 在企业还未注册完成时，若企业名称已经核准，可以使用该名称开具发票。

- 在企业营业执照下发之前，产生的费用可以凭开办费报销，发票抬头可以写法定代表人的名字。如果对方能够先开具收据，那么也可以营业执照颁发之后再补开正规发票。

- 企业应妥善保管已开具的增值税发票，包括纸质发票和电子发票。确保发票不被损坏、遗失或被盗用，以备税务审计时使用。

附　录

关于本书引用相关法律法规的介绍

[1]《中华人民共和国民法典》(2021年版)、《中华人民共和国个人独资企业法》(2000年版)、《中华人民共和国公司法》(2024年修订版)

[2]《中华人民共和国民法典》(2021年版)

[3]《社会团体登记管理条例》(2016年修订版)、《国务院关于国家行政机关和企业事业单位社会团体印章管理的规定》(1999年修订版)

[4]《中华人民共和国增值税暂行条例》(2017年修订版)

[5]《财政部 税务总局关于进一步支持小微企业和个体工商户发展有关税费政策的公告》(2023年第12号)

[6]《中华人民共和国增值税暂行条例》(2017年修订版)、《中华人民共和国增值税暂行条例实施细则》(2019年修订版)、《财政部 国家税务总局关于部分货物适用增值税低税率和简易办法征收增值税政策的通知》(财税〔2009〕9号)

[7]《中华人民共和国企业所得税法》(2024年修订版)、《中华人民共和国企业所得税法实施条例》(2024年修订版)、《财政部 税务总局关于保险企业手续费及佣金支出税前扣除政策的公告》(2019年第72号)、《财政部 税务总局关于企业职工教育经费税前扣除政策的通知》(财税〔2018〕51号)、《财政部 国家税务总局 科技部关于完善研究开发费用税前加计扣除政策的通知》(财税〔2015〕119号)、《财政部 税务总局关于进一步完善研发费用税前加计扣除政策的公告》

（2023 年第 7 号）、《财政部 国家税务总局关于安置残疾人员就业有关企业所得税优惠政策问题的通知》（财税〔2009〕70 号）

[8]《中华人民共和国个人所得税法》（2024 年修订版）、《中华人民共和国劳动合同法》（2024 年修订版）、《国家税务总局关于个人所得税有关问题的公告》（2011 年第 27 号）

[9]《中华人民共和国劳动合同法》（2024 年修订版）、《中华人民共和国社会保险法》（2018 年修订版）、《中华人民共和国劳动法》（2018 年修订版）、《劳动部关于贯彻执行＜中华人民共和国劳动法＞若干问题的意见》（劳部发〔1995〕309 号）

[10]《劳动和社会保障部社会保险事业管理中心关于规范社会保险缴费基数有关问题的通知》（劳社险中心函〔2006〕60 号）

[11]《中华人民共和国企业所得税法》（2024 年修订版）、《中华人民共和国企业所得税法实施条例》（2024 年修订版）、《财政部 国家税务总局 中国残疾人联合会关于印发＜残疾人就业保障金征收使用管理办法＞的通知》（财税〔2015〕72 号）、《财政部关于调整残疾人就业保障金征收政策的公告》（2019 年第 98 号）、《财政部关于延续实施残疾人就业保障金优惠政策的公告》（2023 年第 8 号）、《财政部 国家税务总局关于安置残疾人就业单位城镇土地使用税等政策的通知》（财税〔2010〕121 号）

[12]《财政部 国家税务总局关于全面推开营业税改征增值税试点的通知》（财税〔2016〕36 号）、《财政部 国家税务总局关于部分货物适用增值税低税率和简易办法征收增值税政策的通知》（财税〔2009〕9 号）

[13]《最高人民法院关于审理买卖合同纠纷案件适用法律问题的解释》（2012 年 3 月 31 日最高人民法院审判委员会第 1545 次会议通过，法释〔2012〕8 号）

[14]《最高人民法院关于审理民间借贷案件适用法律若干问题的规定》（2020 年修订版）

[15]《中华人民共和国增值税暂行条例》(2017年修订版)、《财政部 国家税务总局关于全面推开营业税改征增值税试点的通知》(财税〔2016〕36号)

[16]《中华人民共和国公司法》(2024年修订版)、《最高人民法院关于适用〈中华人民共和国公司法〉时间效力的若干规定》(法释〔2024〕7号)

[17]《中华人民共和国增值税暂行条例》(2017年修订版)、《国家税务总局关于修订〈增值税专用发票使用规定〉的通知》(国税发〔2006〕156号)、《财政部 国家税务总局关于全面推开营业税改征增值税试点的通知》(财税〔2016〕36号)、《财政部 国家税务总局关于部分货物适用增值税低税率和简易办法征收增值税政策的通知》(财税〔2009〕9号)、《国家税务总局关于进一步便利出口退税办理 促进外贸平稳发展有关事项的公告》(2022年第9号)

[18]《中华人民共和国增值税暂行条例》(2017年修订版)、《财政部 国家税务总局关于全面推开营业税改征增值税试点的通知》(财税〔2016〕36号)、《国家税务总局 工业和信息化部 公安部关于发布〈机动车发票使用办法〉的公告》(2020年第23号)、《财政部 税务总局关于租入固定资产进项税额抵扣等增值税政策的通知》(财税〔2017〕90号)、《财政部 税务总局 海关总署关于深化增值税改革有关政策的公告》(2019年第39号)

[19]《国家税务总局关于发布〈企业所得税税前扣除凭证管理办法〉的公告》(2018年第28号)

注：以上法规标题中的"税务总局"和"国家税务总局"为同一机构，只是用词有所不同。